1日5分！
教室でできる

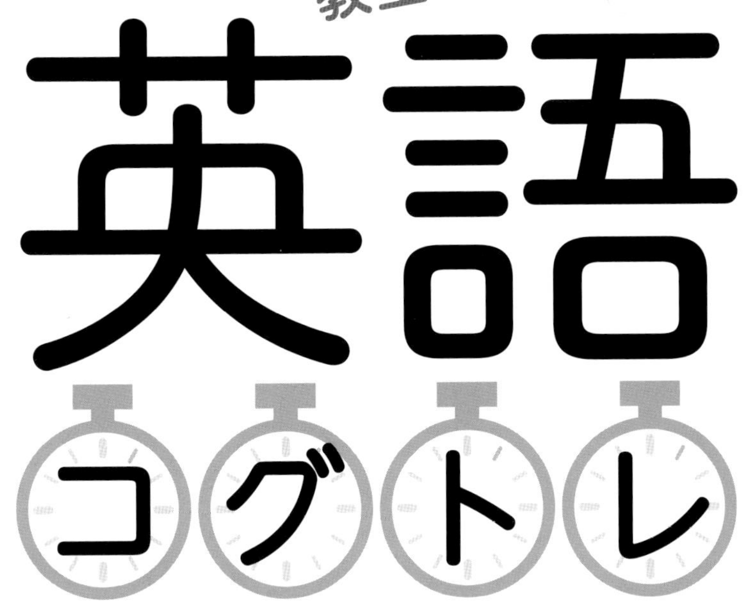

著
宮口幸治 児童精神科医・医学博士
正頭英和 立命館小学校教諭

東洋館出版社

はじめに

認知機能へのアプローチが必要な理由

本書は、小学校で学習する英語を利用して学習の土台となる認知機能を高めるトレーニングを行うことで、**英語力と認知機能の両方を同時に向上させる**ことを目的としています。認知機能とは、記憶、知覚、注意、言語理解、判断・推論といったいくつかの要素が含まれた知的機能を指します。例えば授業中に先生が口頭で次のような問題を出したとします。

「A さんは 10 個の飴をもっていました。4 個あげると、A さんは飴を何個もっているでしょうか？」

まず先生の話に**注意**を向ける必要があります。ノートにお絵描きをしていては問題が出されたこと自体に気がつきません。そして先生に注意を向けたとしても、先生の話したことをしっかり聞きとって**知覚**し、個数を忘れないように**記憶**しなければいけません。また先生の話した問題の**言語理解**も必要です。次に、ここから問題を考えていくわけですが、暗算するためには他に考え事などせず**注意**・集中する必要があります。好きなゲームのことを考えていては暗算ができません。

最後に大切なのが、上記の問題では次の 2 通りの解釈ができることです。

「A さんは誰かに 4 個の飴をあげたのか？」
「A さんは誰かから 4 個の飴をもらったのか？」

ですので、ここで先生はどちらを意図しているのか**判断・推論**する必要があります。以上から、先生が口頭で出した問題を解くためには認知機能の全ての力が必要なのです。もしその中の一つでも弱さがあれば問題を解くことができません。認知機能は学習に必須の働きであり**学習につまずきを抱える子どもは認知機能の働きのどこかに弱さをもっている**可能性があるのです。

認知機能は学習面だけでなく、人に興味を向ける、人の気持ちを考える、人と会話をするなどのコミュニケーション力や、自分で考えて行動する、さまざまな困った問題に対処するなどの問題解決力といった子どもの学校生活にとって必要な力でもあり、**認知機能の弱さは、対人スキルの乏しさにもつながる**のです。

認知機能の弱さ≒学習のつまずき、対人スキルの乏しさ

しかし現在の学校教育では学科教育が主で、その土台となっている認知機能へのアプローチがほとんどなされておらず見過ごされているのが現状です。それに対処すべく開発されたのが認知機能向上トレーニングである**コグトレ**なのです。この「英語コグトレ」はこれらコグトレ理論に基づき、英語力を高めながら同時に学習で困らないための認知機能を高めるように作られています。

なお、本書は学習に必要な認知機能を高めていくことを一番の目的としています。そのため英語力自体が不安な場合は先に通常の英語学習を行ってから本書をご使用されるとより効果的です。もちろん英語が苦手なお子様が先に本書を使って英語に慣れたり、英語への抵抗感を減らしたりすることも可能ですし、英語学習だけでは物足りないお子様にも十分な手応えがあるでしょう。本書をお使いになることで、困っているお子様はもちろんのこと、さらに学力の向上を望んでおられるお子様にお役に立てることを願っております。

著者を代表して
立命館大学教授　児童精神科医・医学博士
宮口幸治

もくじ

1日5分！　教室でできる英語コグトレ
小学校3・4年生

英語コグトレとは？

これまでコグトレは主に認知機能の弱さがあり学習でつまずきをもつ子どもたちに広く使われてきました。しかし学校では脳トレに似ている感もあって学習の一環として取り組ませにくく、トレーニングのための時間がせいぜい朝の会の一日５分しか取れない、個別に課題をやらせるしかない、といった声を多数いただいてきました。そこで授業科目（特に英語）の中で学習教材の一つとしてクラス全体で使えるようにと考案されたのがこの英語コグトレです。

どのようなトレーニングか？

小学生にとっても英語学習はとても大切です。しかし現在の主な学習方法は英語そのものの習得を目的としているため、せっかく時間をかけているのにもったいない、どうせやるなら同時に認知機能も向上できたら、との思いがありました。そこで英語の勉強をしながら、かつ先ほど述べた学習に欠かせない認知機能もトレーニングしていくことで、英語力の向上は当然のこと、認知機能も同時に向上させることができるように作られています。

具体的には？

小学３、４年生用教材として文部科学省が作成している「Let's Try! 1、2」（東京書籍）に出てくる英単語や英文を利用し、認知機能（記憶、知覚、注意、言語理解、判断・推論）に対応した「覚える」「写す」「数える」「見つける」「想像する」といった５つのワークが学べるように構成されています。

ワークは認知機能だけを直接的にトレーニングするためのテキスト「コグトレ　みる・きく・想像するための認知機能強化トレーニング」（三輪書店）をもとに、図形をアルファベットに置き換えるなど工夫を凝らして再構成しています。またこれまで日本語で答えていた解答を英語で書かせるなど、難易度が高い課題もありますので、学習の進んでいるお子さんや高齢者の方でも十分にやりがいのあるワークとなっています。

一方、本書が難しいお子さんには「コグトレ　みる・きく・想像するための認知機能強化トレーニング」「やさしいコグトレ　認知機能強化トレーニング」（いずれも三輪書店）も併用してお使いいただくことをお勧めします。

ワークシートの使用方法

本トレーニングは「覚える」「数える」「写す」「見つける」「想像する」の５つのワークから構成されています（全 128 課題。ワークシート一覧表）。課題は以下の３つタイプからなります。

①英語が未修学でも取り組むことができる課題（表の○）
②英語でなく日本語を使っても取り組める課題（表の△）
③英語を修学しないと困難な課題（表の◎）

①は、いつ始めても問題ありません。②は、本来は英語を修学してから取り組む問題ですが、未修学でも認知機能トレーニングとして効果が期待される課題です。英語修学後にも繰り返して実施すると一層の効果が期待されます。③は英語の修学が前提の課題ですので学年の最後に実施した方がいいでしょう。なお、このトレーニングは「コグトレ　みる、きく、想像するための認知機能強化トレーニング」（宮口幸治、2015、三輪書店）をベースに作られていますので、英語以前に認知機能のトレーニングにもっと時間をかけて行いたい場合はそちらも並行してお使い下さい。

以下、５つのワークについて主に認知機能面から概要をご説明します。いずれも英語のトレーニングを兼ねていることは言うまでもありません。

❶覚える

授業中の先生の話、人の話を注意・集中してしっかり聞いて覚える力を養っていきます。

◆最後とポン

一連の３セットの英単語を読み上げ、そして最後の英単語だけを記憶してもらいます。ただしそれらの英単語の中に色の名前が出た時にだけ手を叩いてもらいます。そして覚えた英単語を解答用紙に書きます。手を叩くという干渉課題を入れることで、より集中し聞いて覚える必要が生じます。これにより聴覚ワーキングメモリをトレーニングします。

❷数える

数感覚や注意・集中力、早く処理する力、計画力を養っていきます。

◆えいたん語かぞえ

ある決まった英単語の数をあるルールのもと、数えながら英単語に○をしていきます。注意深く正確に数えることで集中力やブレーキをかける力、自分で時間管理をすることで自己管理力をつけていきます。

◆えいたん語算

一桁＋一桁の足し算の計算問題とセットになった文章中の言葉を英単語に直して、計算の答えと一緒に記憶し、計算の答えの欄にその対応する英単語を書きます。短期記憶の力や転記ミスを減らす力を養います。

◆さがし算

たて、よこ、ななめで隣り合った２つの英語で書かれた数字を足してある数字になるものを見つけて○で囲みます。答えを効率よく探すことで、ものを数える際に必要な処理するスピード、計画力を向上させます。数字を表す英単語の知識が必要ですのでそれらを修学してから取り組んだ方がいいでしょう。

❸ 写す

図形問題や文字習得の基礎ともなる形を正確に認識する力を養います。

◆点つなぎ

見本のアルファベットを見ながら、下の枠に直線を追加して見本のアルファベットと同じになるように完成させます。基本的な図形の認識や文字を覚えるための基礎的な力を養います。

◆くるくるアルファベット

上にある回転したアルファベットを見ながら、下に正しい方向に直して写します。点つなぎと異なる点は、下の枠が左右に少しずつ回転しているところです。角度が変わっても同じ形であることを認識する力、位置関係を考えながら写す論理的思考、心的回転の力を養います。

◆かがみ・水面えいたん語

ある英単語が鏡と水面に逆に映っていますが、それを見ながら正しい英単語に書き直してもらいます。鏡像や水面像を理解する力、位置関係を理解する力、想像しながら正確に写す力を養います。

❹ 見つける

視覚情報を整理する力を養います。

◆アルファベットさがし

不規則に並んだ点群の中から提示されたアルファベットを構成する配列を探して線で結びます。黒板を写したりする際に必要な形の恒常性の力を養います。

◆ちがいはどこ？
2枚の絵の違いを見つけます。2枚の絵の違いを考えることで、視覚情報の共通点や相違点を把握する力や観察力を養います。

◆同じ絵はどれ？
複数の絵の中からまったく同じ絵を2枚見つけます。複数の絵の中から2枚の同じ絵を効率よく見つけ出すことで、全体を見ながら視覚情報の共通点や相違点を把握する力や観察力、計画力を養います。

◆回てんえいたん語
左右にバラバラに回転して並べられた英単語の部品を線でつないで正しい英単語を作ります。形を心の中で回転させ、正しい組み合わせを見つけていくことで図形の方向弁別や方向の類同視の力を養っていきます。

❺想像する

見えないものを想像する力を養います。

◆スタンプえいたん語
提示されたスタンプを紙に押したときどのような模様になるかを想像します。ある視覚情報から他の情報を想像するというトレーニングを通して、見えないものを想像する力や論理性を養います。

◆心で回てん
自分から見える机の上に置かれたアルファベットは、周りからはどう見えるかを想像します。対象物を違った方向から見たらどう見えるかを想像することで心的回転の力や相手の立場になって考える力を養います。

◆じゅんい決定せん
いくつかの日本語で示された言葉たちがかけっこをして、その順位がついています。複数の表彰台の順位から判断して言葉たちの総合順位を考えていきます。答えは英語に直して書きます。複数の関係性を比較して記憶し、理解する力を養います。

◆物語づくり
イラストとともに提示された英文を参考にしながら、ストーリーを想像して正しい順番に並び替えます。断片的な情報から全体を想像する力やストーリーを考えることで時間概念や論理的思考を養っていきます。

ワークシートの使用例

　トレーニングは５つのワーク（覚える、数える、写す、見つける、想像する）からなります。1回５分、週５日間行えば32週間（1学期に12週、2学期に12週、3学期に８週）ですべて終了できるよう作られています。このスケジュールに沿った進め方のモデル例を下記に紹介します。時間に制限があれば、５つのワークのうちどれからを組み合わせて実施するなど適宜ご調整ください。以下の①〜⑤の５つのトレーニングを合わせると合計128回ずつあります。

・５つのワークの進め方の例

❶ 覚える　<１回／週×12週間＝12回>

週１回「最後とポン（12回）」を実施します。英単語の習得が前提ですので学年の最後の方に実施した方がいいでしょう。

❷ 数える　<１回／週×32週間＝32回>

週１回「えいたん語かぞえ（12回）」「えいたん語算（12回）」「さがし算（8回）」の順で実施します。

❸ 写す　<１回／週×24週間＝24回>

週１回「点つなぎ（8回）」「くるくるアルファベット（8回）」「かがみ・水面えいたん語（8回）」の順で実施します。

❹ 見つける　<１回／週×32週間＝32回>

週１回「アルファベットさがし（8回）」「ちがいはどこ？（8回）」「同じ絵はどれ？（8回）」「回てんえいたん語（8回）」の順で実施します。

❺ 想像する　<１回／週×32週間＝32回>

週１回「スタンプえいたん語（8回）」「心で回てん（8回）」「じゅんい決定せん（8回）」「物語づくり（8回）」の順で実施します。

以下に、本トレーニングの具体的なモデル使用例を示しておりますのでご参考ください。

＊モデル使用例１：（朝の会の１日５分を使うケース）
ある１週間について、以下のように進めていきます。例えば、
月曜日：「覚える」の「最後とポン」を５分
火曜日：「数える」の「えいたん語かぞえ」を５分
水曜日：「写す」の「点つなぎ」を５分
木曜日：「見つける」の「アルファベットさがし」を５分
金曜日：「想像する」の「スタンプえいたん語」を５分
で実施すれば１年間（週５日、32週）ですべての課題が終了します。英単語が未修学でもカタカナなどで書いても問題ありません。

＊モデル使用例２：（週１回だけ朝の会で行い、あとは宿題とするケース）
「覚える」だけ週１回、朝の会などで実施し、残りは学校での宿題プリントの裏面に印刷して実施（小学３、４生年用：116枚）します。週に４枚取り組むと約30週で終了します。「覚える」は英単語が未修学でもカタカナなどで書いても問題ありません。

＊モデル使用例３：（英語の授業で英単語の練習として使うケース）
英単語習得の確認テストの一環として英語の授業中に実施します。小学３、４年生用は合計128回ずつありますので、週のコマ数と調整しながら併せて実施します。

＊モデル使用例４：（保護者と一緒に自宅で使うケース）
ご家庭で、「覚える」の課題はCDを使用し、残りのワーク（英単語が未修学でも取り組むことができる課題（表の○）から始めます）はお子さん自身でやってもらいましょう。答え合わせは一緒にみて確認してあげましょう。間違っていれば、間違っていることだけを伝えどこが間違えているのかを再度考えてもらうとより効果的です。「覚える」は英単語が未修学でもカタカナなどで書いても問題ありません。

ワークシート一覧表

5つの トレーニング	小項目	課題の タイプ	ワークシート 番号	ワーク シート数
❶覚える	最後とポン	◎	1～12	12
❷数える	えいたん語かぞえ	○	1～12	12
	えいたん語算	△	1～12	12
	さがし算	◎	1～8	8
❸写す	点つなぎ	○	1～8	8
	くるくるアルファベット	○	1～8	8
	かがみ・水面えいたん語	○	1～8	8
❹見つける	アルファベットさがし	○	1～8	8
	ちがいはどこ？	○	1～8	8
	同じ絵はどれ？	○	1～8	8
	回てんえいたん語	◎	1～8	8
❺想像する	スタンプえいたん語	○	1～8	8
	心で回てん	○	1～8	8
	じゅんい決定せん	△	1～4	4
	物語づくり	◎	1～8	8

課題のタイプ：○：未修学でも可能な課題、△：日本語を使っても効果あり、◎：修学しないと困難

頻度（回 / 週）	期間（週）	施行学期	内容
1	12	2、3	最後の英単語を覚えて書く（3セット条件）
1	32	1	ある英単語だけを数える
1		2	計算の答えを英単語に置き換える
1		3	英語で書かれた数字で計算する
1	24	1	点をつないで上のアルファベットを下に写す
1		1、2	回転したアルファベットを下に写す
1		2	鏡・水面に映った英単語を正しく写す
1	32	1	点群の中からアルファベットを見つける
1		1、2	2 枚の絵から違いを見つける
1		2	複数の絵から同じ絵を 2 枚見つける
1		3	回転させた英単語の部品から英単語を見つける
1	28	1	スタンプ面から正しい英単語を想像する
1		1、2	相手側から見たアルファベットを想像する
1		2	正しい順位を想像して英単語で書く
1		3	バラバラの絵をストーリーを考えて並び替える

1 覚える

❶ 覚える

最後とポン

★子どもにつけて欲しい力

授業中の先生の話、人の話を注意・集中してしっかり聞く力をつけます。

★進め方

一連の英単語を３セットずつ読みあげます（音声CDに収録されています）。
それぞれのセットの最後の言葉だけを覚え、ノートやプリントに書いてもらいます。
ただし、途中で色の名前（右の例の下線）が出たときは手を叩いてもらいます。
答えは右の例の太文字の英単語です。１回につき３題ずつ進めていきます。

★ポイント

・まだ英単語が書けなければ、聞き取れたものをカタカナで書いても問題ありません。
・手を叩く代わりに目を閉じさせ手を上げてもらうのもいいでしょう。
・もしCDを使用せず、読み上げるときは各セットを一つ目、二つ目、三つ目……
　と言ってあげましょう。
・各セットはどこで終わるかは教えませんので特に集中して聞いてもらいましょう。

★留意点

問題は３セットずつにしてありますが、難しければ、色の名前で手を叩くだけにする、最初の２セットだけを覚えるなど調整してもいいでしょう。

取り組み時間 ❺ 分 ／ 回数 計 ⓬ 回分 ／ 音声はCDに収録

例

最後とポン❶ それぞれの組の最後の単語だけを覚えます。
ただし、色の名前が出たら手を叩きます。

❶	apple	red	**head**
	star	one	**green**
	black	**orange**	
❷	panda	snake	**purple**
	pen	**white**	
	melon	black	**egg**
❸	eyes	cow	**pink**
	steak	**cake**	
	blue	toes	**face**

 2

最後とポン❶ それぞれの組の最後の単語だけを覚えます。
ただし、色の名前が出たら手を叩きます。

1
apple　red　**head**
star　one　**green**
black　**orange**

2
panda　snake　**purple**
pen　**white**
melon　black　**egg**

3
eyes　cow　**pink**
steak　**cake**
blue　toes　**face**

 3

最後とポン❷ それぞれの組の最後の単語だけを覚えます。
ただし、色の名前が出たら手を叩きます。

1
brown　**jam**
mouse　**black**
horse　circle　**white**

2
diamond　pink　**carrot**
pizza　brown　**sushi**
heart　**snake**

3
taxi　yellow　**time**
monkey　**tree**
face　gym　**blue**

 4

最後とポン❸ それぞれの組の最後の単語だけを覚えます。
ただし、色の名前が出たら手を叩きます。

1

cap	**red**	
shirt	great	**white**
room	**long**	

2

ruler	purple	**pen**
stick	**news**	
office	gas	**brown**

3

hospital	**blue**	
yellow	tomato	**morning**
school	snowy	**white**

 5

最後とポン❹ それぞれの組の最後の単語だけを覚えます。
ただし、色の名前が出たら手を叩きます。

1

two	**black**	
jacket	red	**big**
science	pink	**room**

2

small	hungry	**green**
dog	**dragon**	
brown	mouth	**head**

3

green	pen	**father**
time	**star**	
sunny	place	**red**

6

最後とポン❺ それぞれの組の最後の単語だけを覚えます。
ただし、色の名前が出たら手を叩きます。

1	<u>white</u>	cake	**jam**
	<u>white</u>	**steak**	
	<u>black</u>	sheep	**teeth**
2	tennis	baseball	**<u>pink</u>**
	rabbit	eye	**<u>yellow</u>**
	night	**snake**	
3	<u>purple</u>	cloudy	**onion**
	ear	<u>brown</u>	**star**
	<u>red</u>	**elephant**	

7

最後とポン❻ それぞれの組の最後の単語だけを覚えます。
ただし、色の名前が出たら手を叩きます。

1	<u>red</u>	**cards**	
	music	pudding	**<u>green</u>**
	day	<u>red</u>	**school**
2	<u>green</u>	small	**pants**
	<u>blue</u>	big	**toe**
	<u>brown</u>	**big**	
3	cooking	listen	**<u>yellow</u>**
	<u>black</u>	**pen**	
	<u>white</u>	police	**book**

最後とポン 7　それぞれの組の最後の単語だけを覚えます。
ただし、色の名前が出たら手を叩きます。

1

apple	banana	**red**
purple	**star**	
lemon	green	**star**

2

tiger	dragon	**blue**
pink	elephant	**potato**
brown	**rice**	

3

rabbit	**taxi**	
pink	day	**afternoon**
black	one	**morning**

最後とポン 8　それぞれの組の最後の単語だけを覚えます。
ただし、色の名前が出たら手を叩きます。

1

face	homework	**green**
peach	**one**	
white	spider	**dog**

2

mouse	**purple**	
tree	green	**tiger**
eye	cloudy	**brown**

3

wild	house	**yellow**
pink	mouth	**cow**
brown	**taxi**	

 10

最後とポン❾ それぞれの組の最後の単語だけを覚えます。
ただし、色の名前が出たら手を叩きます。

1	jam	red	**table**
	cap	small	**blue**
	shop	**black**	

2	office	pink	**cat**
	dog	chicken	**brown**
	world	**house**	

3	pen	morning	**blue**
	green	**rainy**	
	nose	white	**day**

 11

最後とポン❿ それぞれの組の最後の単語だけを覚えます。
ただし、色の名前が出たら手を叩きます。

1	pink	**time**	
	yellow	night	**snowy**
	sunny	arts	**red**

2	pink	cake	**star**
	horse	**potato**	
	white	heart	**monkey**

3	magnet	**red**	
	away	room	**black**
	station	science	**green**

 12

最後とポン⓫ それぞれの組の最後の単語だけを覚えます。
ただし、色の名前が出たら手を叩きます。

1	book	peach	**purple**
	shiny	purple	**have**
	red	check	**jacket**
2	school	brown	**stapler**
	great	white	**watch**
	black	**pencil**	
3	favorite	red	**scary**
	brush	**black**	
	blue	gym	**room**

 13

最後とポン⓬ それぞれの組の最後の単語だけを覚えます。
ただし、色の名前が出たら手を叩きます。

1	hospital	green	**marker**
	green	**stapler**	
	furry	yellow	**hungry**
2	calendar	class	**red**
	white	great	**lunch**
	blue	**small**	
3	black	**want**	
	jacket	up	**white**
	mouth	dog	**brown**

2 数える

❷ 数える

英単語数え

★子どもにつけて欲しい力

課題を速く処理する力、注意・集中力、自己を管理する力を養います。

★進め方

・まず「目標」タイムを書きます。スタートの合図で提示された英単語（右の例では「ONE」）の数を数えながら、できるだけ早く「ONE」を○で囲んでもらいます。
数え終わったら、個数を右下の欄に記入し挙手させ、時間を伝えます。
時間は「今回」の欄に時間を記入します。全員が終了したら正解数を伝えます。
時間の上限は５分とします。

・後半（⑦〜⑫）は、単に対象の英単語を数えるだけでなく、対象の英単語の左隣に色を表す英単語（例えば、RED や BLUE など）があるときは数えず、○で囲んではいけない課題（ブレーキをかける練習）になっています。色を意味する英単語を学習していない場合は、一覧で提示しておくといいでしょう。

★ポイント

・ここでは、処理するスピードを上げる以上に、課題に慎重に取り組む力をつけることを目的としています。英単語の数が間違っていたら、どこが間違っていたか確認させましょう。

・目標時間を設定し、その目標と比べ結果がどうであったかを確認することで、自己管理する力を養います。子どもが自分の能力に比べ早い目標時間や、遅い目標時間を立てた場合、終わった後に理由・感想を聞いてみましょう。

★留意点

・最初に全ての英単語を囲み後から数えるのではなく、英単語の数を数えながらチェックすることに注意しましょう。数を記憶しながら他の作業を行うことでワーキングメモリ（一時記憶）の向上を意図しています。

・スピードが早いことよりも、個数を正確に数えること、目標時間に近い方がいいことを伝えます。もし英単語の数が不正解の場合や、時間がかかる場合でも目標の時間に近ければ褒めてあげましょう。そのことでスピードの遅い子への配慮もできます。

取り組み時間 5 分 ／ 回数 12 回分

例

えいたん語かぞえ 1

「ONE」の数を数えながら、できるだけ早く「ONE」を○でかこみましょう。
数えたら、「ONE」の数を下の（ ）に書きましょう。

BANANA GREEN ONE EGG STAR ONE PEACH WHITE
BALL TOMATO ONE PINK SOCCER TABLE ONE PIZZA
ONION BLUE ONE WHO PEACH LEMON PINK ICE ONE
ONE EGG HEART BLACK CIRCLE COW TIGER MOUSE
CAT ONE ONE EGG ORANGE RABBIT TIGER DRAGON
ONE BEAR MONKEY ELEPHANT ONE DOG TWO FOUR
BLUE ONE CORN AND ONE ROOM ARTIST LONG ONE
TO MOTHER ONE PENCIL BIRD ENGLISH ONE UP
COW ONE WILD PEN STAPLER CAP TO LONG ONE ME
FOR FURRY ONE LISTEN WASH ONE STICK PEN RED

目標（もくひょう）（ 3 分 30 秒（びょう））　今回（ 4 分 30 秒（びょう））

「ONE」は［ 20 ］こ

年　　組

えいたん語かぞえ 1

「ONE」の数を数えながら、できるだけ早く「ONE」を○でかこみましょう。
数えたら、「ONE」の数を下の（ ）に書きましょう。

BANANA GREEN ONE EGG STAR ONE PEACH WHITE
BALL TOMATO ONE PINK SOCCER TABLE ONE PIZZA
ONION BLUE ONE WHO PEACH LEMON PINK ICE ONE
ONE EGG HEART BLACK CIRCLE COW TIGER MOUSE
CAT ONE ONE EGG ORANGE RABBIT TIGER DRAGON
ONE BEAR MONKEY ELEPHANT ONE DOG TWO FOUR
BLUE ONE CORN AND ONE ROOM ARTIST LONG ONE
TO MOTHER ONE PENCIL BIRD ENGLISH ONE UP
COW ONE WILD PEN STAPLER CAP TO LONG ONE ME
FOR FURRY ONE LISTEN WASH ONE STICK PEN RED

目標（もくひょう）（　　分　　秒（びょう））　今回（　　分　　秒（びょう））

「ONE」は（　　）こ

年　　組

えいたん語かぞえ ②

「BIG」の数を数えながら、できるだけ早く「BIG」を○でかこみましょう。
数えたら、「BIG」の数を下の（ ）に書きましょう。

BIG PEN ROOM BIG ENTRANCE CAP HURRY ONE

POLICE SHOP BIG JACKET ENTRANCE STAR DOG

WILD MOUSE DAY BIG MOUSE NOSE PLACE DAY

CARDS MORNING BIG BIG TIME TEETH NIGHT BIG

EGG JAM EGG BIG FACE TAXI BAG GARBAGE RAIN

SUN BALL EYE PEN DAY MORNING NEWS ONE BIG

CAKE POTATO CORN BIG ORANGE NOSE FACE BIG

ROUND GREAT BIG NEWS SMALL LONG SHORT UP

SKI TAXI BIG MONDAY ROOM BIG ENGLISH BIG

YOU EARS VERY NINE SKATE BIG SHORT THINK

目標（もくひょう）（　　分　　秒（びょう））　今回（　　分　　秒（びょう））

「BIG」は（　　）こ

年　　組

えいたん語かぞえ ③

「EGG」の数を数えながら、できるだけ早く「EGG」を○でかこみましょう。
数えたら、「EGG」の数を下の（ ）に書きましょう。

MOUSE EGG COW DIAMOND TIME EGG DAY TAXI

EGG STAR HEAD SNAKE PIZZA FACE EGG BAG

CAKE BROWN EGG JAM POTATO CORN BAG SUN

LEMON TWO ONION FOUR EGG HORSE HEAD EGG

PINK THREE FIVE EGG EAR PANDA COW EGG CAT

RAINY ROOM EGG CAP JACKET BIG LONG EGG TO

BOOK CAP SCHOOL EGG FURRY ROOM EGG BIG

EGG CAP STAPLER PEN EGG TO MARKER COFFEE

POST EGG ROOM ARE NO YELLOW ROOM ON

THINK WE HAPPY EGG JUMP ROOM EGG TEN

目標（もくひょう）（　　分　　秒（びょう））　今回（　　分　　秒（びょう））

「EGG」は（　　）こ

年　　組

えいたん語かぞえ ④

「JAM」の数を数えながら、できるだけ早く「JAM」を○でかこみましょう。
数えたら、「JAM」の数を下の（ ）に書きましょう。

PINK JAM SOCCER PEN NIGHT JAM TIME UP SUN

STAR DIAMOND HEAD JAM SNAKE MOUSE JAM TWO

STAR JAM FOUR PEN DAY TAXI FACE JAM TO

NOSE TEN PLACE HOME BAG JAM TAXI DAY TREE

BAG WHITE NEWS BALL JAM TEETH TIME WORLD

ROOM JAM GYM ROUND SLEEPY HAVE JAM SHINY

BIG LONG WASH JAM MORNING PLAY POLICE CAP

EGG RED JAM STAR KNEES CARDS TAXI JAM TIME

TO ZERO NUT JAM FOUR TAXI HOME JAM CAP JAM

BAG DESK GUITAR JAM DINNER GREAT BIG BLUE

目標（　　分　　秒）　今回（　　分　　秒）

「JAM」は（　　）こ

年　　組

えいたん語かぞえ ⑤

「CAP」の数を数えながら、できるだけ早く「CAP」を○でかこみましょう。
数えたら、「CAP」の数を下の（ ）に書きましょう。

CAP SLEEPY LISTEN CAP UP THREE CAP PEN

CHECK CAP EYES NOSE CAP TREE SUN CAP TO

DIAMOND ROOM GYM EGG TAXI TWO CAP CORN

BLUE SNAKE CAT CAP ONION CAP WHITE TEN ONE

PIZZA PINK CAT CAKE JAM ICE CAP STAR

BLUE PINK RED CAP HEART CIRCLE TIGER COW

LUNCH SCARY SMALL BIG LONG GREAT CAP TO

TWO DOCTOR SKI LIKE MAKE PINK SUN WINTER

CAP SEE PLAY TAXI COOK THREE COLD CAP UP

WANT NEWS CASE CAP CAP DREAM TO EGG CAP

目標（もくひょう）（　　分　　秒（びょう））　今回（　　分　　秒（びょう））

「CAP」は（　　　）こ

年　　組

えいたん語かぞえ ⑥

「RED」の数を数えながら、できるだけ早く「RED」を○でかこみましょう。
数えたら、「RED」の数を下の（ ）に書きましょう。

STAR RED CAKE CARDS NIGHT SUNNY PINK LONG
UP RED GYM ROOM LUNCH SHIRT BIG RED WANT UP
POLICE BIG GREAT RED SHINY LIKE YELLOW RED EYE
TAXI WORLD MORNING RED SNOWY SALAD RED COW
SNAKE KNEE FACE RED TIME RED NIGHT CAP JACKET
PANTS DREAM CRUSH PLAY BOOTS NEWS UP DOG CAT
RED UP SCHOOL TEACHER ROOM GYM GAS BOOTS BIG
PIZZA ORANGE BALL DOG CAT BEAR RED TIME PEN
RED RED RED MOTHER BLACK LION HORSE RED STAR
PINK HEART BALL HEAD RED CAP HAT LION LUNCH

目標（もくひょう）（　　分　　秒（びょう））　今回（　　分　　秒（びょう））

「RED」は（　　　）こ

年　　組

えいたん語かぞえ 7

「NEWS」の数を数えながら、できるだけ早く「NEWS」を○でかこみましょう。
ただし、「NEWS」の左に色をあらわすたん語があれば○でかこみません。
最後(さい)に、○の数を下の（ ）に書きましょう。

NEWS CAP BLACK NEWS TO DO NEWS RED ROOM

PANTS NEWS ROOM NEWS STICK PEN CASE SHOP

PIZZA CIRCLE MOUSE COW NEWS HEAD PEN NEWS

BLUE NEWS FACE EAR NOSE NEWS BAG BIG NEWS

BLACK WHITE NEWS COW DRAGON EYE EGG TIME

HEAD NEWS EAR TREE SUSHI EGG BROWN BLUE UP

PANTS WANT NEWS NEWS YELLOW GYM ROOM SEE

SLEEPY WAKE GREART MUSIC NEWS JACKET NEWS

APPLE DOG FACE MORNING AND JUMP RED NEWS

HOME WE GREEN BIRD KING NEWS BLACK NIGHT

目標(もくひょう)（　　分　　秒(びょう)）　今回（　　分　　秒(びょう)）

○は（　　）こ

年　　組

えいたん語かぞえ 8

「STAR」の数を数えながら、できるだけ早く「STAR」を○でかこみましょう。
ただし、「STAR」の左に色をあらわすたん語があれば○でかこみません。
最後(さい)に、○の数を下の（ ）に書きましょう。

STAR GYM HAVE STAR LONG ROOM BIG STAR FOR

TO STAR SLEEPY BLACK STAR PINK SPIDER CAT

WHITE STAR MOUSE EGG STAR BLACK STAR TREE

DAY STAR BLUE STAR EYE DAY TAXI STAR GREEN

SCARY STAR RED CAP HAVE STAR YELLOW STAR

HUNGRY LONG STAR WANT THINK STICK SMALL I

SMALL BIG BLACK STAR STAR WHITE RED STAR

TWO BRUSH FOR SQUARE NOSE STAR FACE STAR

STAR TWELVE KING STAR BAG YELLOW STAR FOR

EGG HEAD LIBRARY TOE PARK RED BIRD STAR TO

目標(もくひょう)（　　分　　秒(びょう)）　今回（　　分　　秒(びょう)）

○は（　　　）こ

年　　組

えいたん語かぞえ ⑨

「CAT」の数を数えながら、できるだけ早く「CAT」を○でかこみましょう。
ただし、「CAT」の左に色をあらわすたん語があれば○でかこみません。
最後(さい)に、○の数を下の（ ）に書きましょう。

BLACK CAT EGG CAT TENNIS BOOTS NEWS CAT
JACKET CAT DREAM FOR CAT RED CAT CAT ROOM
WAKE UP NOTE ERASER ART SHOP CAT WHITE CAT
MARKER SEE BIG CAT SMALL WANT NEWS CAT DOG
YELLOW DOG CAT GREAT CHECK CAT PINK TO LIKE
TABLE MELON KIWI CAT BLUE STAR CAT NIGHT
DOG SNOWY BAG CAT COW SNAKE WHITE CAT UP
WATCH DAY PINK DAY BLACK DAY RED DAY TWO
MATH ROOM MUSIC PIE ONION STEAK DAY BLUE SEE
CAT LISTEN DREAM CAT PINK CAT WAKE UP FOR CAP

目標(もくひょう)（　　分　　秒(びょう)）　今回（　　分　　秒(びょう)）

○は（　　）こ

えいたん語かぞえ ⑩

「PEN」の数を数えながら、できるだけ早く「PEN」を○でかこみましょう。
ただし、「PEN」の左に色をあらわすたん語があれば○でかこみません。
最後(さい)に、○の数を下の（　）に書きましょう。

PEN MORNING NIGHT DAY PEN CARDS GARBAGE

RAINY EYE TENNIS PEN DOG BEAR ONION PEN BIG

STAR STEAK JAM APPLE PEN CHERRY WHITE PEN

BEAR ORANGE TIGER PEN PINK PEN SHEEP SNAKE

HEAD RED BLUE PEN STAR BANANA LEMON BAG TO

HORSE GRAPE TOMATO MOUTH WORLD PEN UP

COW SNAKE TREE PEN GREEN TIGER BEAR TREE

PEN CAP ROOM NEWS STATION SCHOOL BLUE PEN

TAXI PEN HOT STAR NEW PEN MUSIC ART TEN NO

KIWI FISH BIG LONG ROOM ME EAR PEN STAR

目標(もくひょう)（　　分　　秒(びょう)）　今回（　　分　　秒(びょう)）

○は（　　）こ

えいたん語かぞえ ⑪

「DOG」の数を数えながら、できるだけ早く「DOG」を◯でかこみましょう。
ただし、「DOG」の左に色をあらわすたん語があれば◯でかこみません。
最後(さい)に、◯の数を下の（ ）に書きましょう。

DOG BLACK DOG WHITE DOG LEMON APPLE STAR TO

CIRCLE HEART DOG BALL ONE BALL COW WHO DOG

RED RABBIT GAS TEN EGG DOG NEWS ROOM BOOK

DOG PLACE TAXI BAG SCHOOL YELLOW DOG PEN

EIGHT DOG BLUE DOG GAS SHOP PEN MAGNET DOG

CAKE WANT CAP DOG UP SHIRT RED DOG DOG GREAT

HAVE DOG BLUE DOG WHITE DOG CAP DOG SMALL UP

CHECK DOG GYM DOG BLACK WHITE DOG RED UP

DOG RED BLUE DOG TAKE FOUR FACE RULER MUSIC

THREE ZERO FACE RAIN WHITE DOG TWO TOE DOG

目標(もくひょう)（　　分　　秒(びょう)）　今回（　　分　　秒(びょう)）

◯は（　　）こ

年　　組

えいたん語かぞえ ⑫

「TIME」の数を数えながら、できるだけ早く「TIME」を○でかこみましょう。
ただし、「TIME」の左に色をあらわすたん語があれば○でかこみません。
最後(さい)に、○の数を下の（ ）に書きましょう。

PINK TIME STAR EAR HEAD TREE TAXI DAY EAR

TIME NEWS WAKE TAXI DO JACKET PLAY UP

BLUE HEART TAXI PEN TIME BLACK TIME EYE

TO RED TIME PEN TREE STAR BIG WANT BLUE

BLACK TIME DOG CIRCLE COW MOUSE CAT BAG

TIME WORLD PEN NIGHT DAY TIME PINK TIME

CAP GYM GAS TIME BLACK TIME WHITE TIME

ROOM PEN RED TIME SHOP JACKET TIME BLUE

WHITE TIME TIME ON MORNING NICE SAD BALL

FIRE BLACK BOOTS LIKE NEW HARD TABLE TO

目標(もくひょう)（　　分　　秒(びょう)）　今回（　　分　　秒(びょう)）

○は（　　）こ

② 数える

英単語算

★子どもにつけて欲しい力

短期記憶の力、答えの写し間違いをしない力、うっかりミスを減らす力を養います。

★進め方

まず上段の右側の計算問題の答えを覚え、左の文章の下線が引かれた日本語の英単語をイメージします。そして、下段の計算問題の答えと同じ数字を選んで、その横の（　　）に対応する英単語を書きましょう。

★ポイント

- 英単語が書けなければそのまま日本語で書いても問題ありません。
- 時間制限はありませんのでゆっくり確実にやるよう伝えましょう。
- なかなか覚えられなければ最初は声に出しながら（「12はorange」など）、（　　）に英単語を書いてもらいましょう。

★留意点

- 計算の答えを覚えながら英単語を書くことを目的にしていますので、上段の文章の余白に英単語の答えを書いたり、計算の答えを書いたりしないよう伝えます。
- 英単語が分からないときは（　　）には日本語で書いてもらいましょう。
- （　　）の数が合わないときは計算間違いをしていますので、どこか間違いがないか確認してもらうといいでしょう。
- この課題が難しければ、もっとやさしい課題から取り組ませましょう。
（「やさしいコグトレ」あいう算（三輪書店）など）。

取り組み時間 5 分 ／ 回数 12 回分

例

えいたん語算 1

文章の右にある計算の答えと同じ数を下からえらんで、
線が引いてある言葉のえいたん語を下の（　　）に書きましょう。

わたしはオレンジがすきです。	：5 + 7
みどり色の虫がとんでいる。	：1 + 3
大きな木にのぼりたい。	：3 + 4
色々なペンがほしい。	：2 + 2
このシャツは少し大きい。	：6 + 6
わたしはこのおもちゃがほしい。	：2 + 4

4（ green ）（ pen ）

6（ want ）

7（ tree ）

12（ orange ）（ shirt ）

年　　　組

えいたん語算 1

文章の右にある計算の答えと同じ数を下からえらんで、
線が引いてある言葉のえいたん語を下の（　　）に書きましょう。

わたしはオレンジがすきです。	：5 + 7
みどり色の虫がとんでいる。	：1 + 3
大きな木にのぼりたい。	：3 + 4
色々なペンがほしい。	：2 + 2
このシャツは少し大きい。	：6 + 6
わたしはこのおもちゃがほしい。	：2 + 4

4（　　　　　　　　）（　　　　　　　　）

6（　　　　　　　　）

7（　　　　　　　　）

12（　　　　　　　　）（　　　　　　　　）

年　　組

えいたん語算 ②

文章の右にある計算の答えと同じ数を下からえらんで、
線が引いてある言葉のえいたん語を下の（　　）に書きましょう。

わたしは公園であそびます。	：1＋2
このへやは広い。	：8＋8
わたしは今、口がいたい。	：4＋4
そこにはこわいおばけがいるらしい。	：1＋7
この場しょはおちつく。	：8＋6
この道は夜に歩いてはいけない。	：9＋7

3 （　　　　　　　）

8 （　　　　　　　）（　　　　　　　）

14（　　　　　　　）

16（　　　　　　　）（　　　　　　　）

えいたん語算 ③

文章の右にある計算の答えと同じ数を下からえらんで、
線が引いてある言葉のえいたん語を下の（　　）に書きましょう。

今日の天気はくもりです。	：3 + 4
じょうぎをつかって線を引きなさい。	：4 + 4
じしゃくと金ぞくはくっつく。	：6 + 7
父はコーヒーがすきです。	：5 + 5
今日は火曜日です。	：8 + 5
タクシーでえきまで行こう。	：7 + 3

7（　　　　　　　　）

8（　　　　　　　　）

10（　　　　　　　　）（　　　　　　　　）

13（　　　　　　　　）（　　　　　　　　）

えいたん語算 4

文章の右にある計算の答えと同じ数を下からえらんで、
線が引いてある言葉のえいたん語を下の（　　）に書きましょう。

わたしはおきたらまず<u>顔</u>をあらう。	：6 + 3
おじいさんは<u>牛</u>をかっている。	：2 + 3
ねこより<u>犬</u>の方がすきだ。	：4 + 6
<u>黒い</u>ようふくばかりもっている。	：1 + 4
<u>たまご</u>を買ってきてほしい。	：3 + 7
<u>頭</u>をまもりましょう。	：1 + 2

3（　　　　　　　）

5（　　　　　　　）（　　　　　　　）

9（　　　　　　　）

10（　　　　　　　）（　　　　　　　）

年　　　組

えいたん語算 5

文章の右にある計算の答えと同じ数を下からえらんで、
線が引いてある言葉のえいたん語を下の（　　）に書きましょう。

にんじんはおすきですか?	：2 + 8
わたしはぶどうがすきだ。	：1 + 5
10 このみかんがある。	：6 + 6
ハートがたのパンケーキを食べたい。	：7 + 5
星が光っている。	：7 + 3
ひざをいためている。	：7 + 9

6（　　　　　　　）

10（　　　　　　　）（　　　　　　　）

12（　　　　　　　）（　　　　　　　）

16（　　　　　　　）

年　　組

えいたん語算 6

文章の右にある計算の答えと同じ数を下からえらんで、
線が引いてある言葉のえいたん語を下の（　　）に書きましょう。

朝は頭がスッキリしている。	：9＋8
サッカーにせかい中がちゅう目している。	：3＋5
今日は雨がふっている。	：8＋7
ブタははながよくきく。	：6＋9
バッグがおもい。	：9＋8
テーブルの上にプリントがのっている。	：3＋4

7（　　　　　　）

8（　　　　　　）

15（　　　　　　）（　　　　　　）

17（　　　　　　）（　　　　　　）

年　　組

えいたん語算 ⑦

文章の右にある計算の答えと同じ数を下からえらんで、
線が引いてある言葉のえいたん語を下の（　　）に書きましょう。

月曜日から学校がはじまる。	：5＋9
わたしには時間がない。	：7＋7
さい近は天気がよい。	：4＋7
明日は雪がふるらしい。	：6＋3
森でウサギが見つかった。	：2＋7
馬は走るのがはやい。	：2＋1

3（　　　　　　）

9（　　　　　　）（　　　　　　）

11（　　　　　　）

14（　　　　　　）（　　　　　　）

年　　　組

えいたん語算 8

文章の右にある計算の答えと同じ数を下からえらんで、
線が引いてある言葉のえいたん語を下の（　　）に書きましょう。

わたしのすきな食べものはすしです。　：4＋4

長い道がつづいている。　：7＋8

教室で先生が話している。　：3＋7

けが人がびょういんにおくられた。　：9＋7

えんぴつのしんがおれた。　：6＋9

かのじょのかみの毛はみじかい。　：8＋2

8（　　　　　　）

10（　　　　　　）（　　　　　　）

15（　　　　　　）（　　　　　　）

16（　　　　　　）

年　　　組

えいたん語算 9

文章の右にある計算の答えと同じ数を下からえらんで、
線が引いてある言葉のえいたん語を下の（　　）に書きましょう。

わたしは昨日（きのう）いいゆめを見た。	：3＋4
わたしはこのふくの色がすきだ。	：2＋6
大きなくまのぬいぐるみがほしい。	：1＋8
りょう親はレストランをけいえいしている。	：7＋1
わたしはキウイが食べたい。	：2＋5
ジャムをパンにぬって食べる。	：5＋5

7（　　　　　　　　）（　　　　　　　　）

8（　　　　　　　　）（　　　　　　　　）

9（　　　　　　　　）

10（　　　　　　　　）

年　　組

えいたん語算 ⑩

文章の右にある計算の答えと同じ数を下からえらんで、
線が引いてある言葉のえいたん語を下の（　　）に書きましょう。

ねこがやねでねている。	：9 + 6
金曜日はわくわくする。	：5 + 7
はをみがくことは大切です。	：5 + 4
明日は晴れるらしい。	：3 + 6
わたしはトランプであそびたい。	：2 + 4
ノートに計算をする。	：3 + 9

6（　　　　　　）

9（　　　　　　）（　　　　　　）

12（　　　　　　）（　　　　　　）

15（　　　　　　）

年　　組

えいたん語算 ⑪

文章の右にある計算の答えと同じ数を下からえらんで、
線が引いてある言葉のえいたん語を下の（　　）に書きましょう。

昼前なのでおなかが空いている。	：5 + 9
あのお店はさい近できた。	：7 + 7
やさいを食べると体がじょうぶになる。	：2 + 8
りんごをひとつもらう。	：1 + 4
ゾウのせ中にのりたい。	：8 + 8
白いトラがいるらしい。	：9 + 7

5 （　　　　　　）

10（　　　　　　）

14（　　　　　　）（　　　　　　）

16（　　　　　　）（　　　　　　）

年　　組

えいたん語算 ⑫

文章の右にある計算の答えと同じ数を下からえらんで、
線が引いてある言葉のえいたん語を下の（　　）に書きましょう。

しゅくだいをおわらせてからあそびに行く。	：1 + 7
ならいごとが毎週水曜日にある。	：7 + 6
円をえがいて歩く。	：4 + 4
今日はとてもねむい。	：5 + 8
わたしは皿をあらう。	：6 + 3
わたしはそのゲームをもっている。	：2 + 9

8（　　　　　　　　）（　　　　　　　　）

9（　　　　　　　　）

11（　　　　　　　　）

13（　　　　　　　　）（　　　　　　　　）

❷ 数える

さがし算

★子どもにつけて欲しい力

答えを効率よく探すことで、ものを数える際に必要な処理するスピード、計画力を向上させます。

★進め方

たて、よこ、ななめで隣り合った２つの英語で書かれた数字を足すと、ある数字（右の例では８）になるものを見つけてその２つの英単語を○で囲みます。

★ポイント

・効率よく探すには、上段から下段の順に、左から右方向（右の例だと「three」から「one」の方向）にある数字になるものを探していくことを伝えましょう。
・英単語の組合せは下→上方向や右→左方向にもありますので、色んな方向で見つけていきましょう。

★留意点

・マス目が３×３だと偶然見つけることも可能ですが、マス目が増えてくると次第に困難になってきます。偶然に英単語を見つけることは、さがし算の目的ではありませんので、上段の左端から探すように心がけてもらいましょう。
・この課題が難しければ英単語を数字に置き換えて取り組んでもらいましょう。
・この課題の数字版が「もっとコグトレ　さがし算60（初級、中級、上級）」（東洋館出版社）ですので、こちらにも取り組んでもらいましょう。
・まだ知らない英単語であっても英和辞典などで調べてもらうなど、次の学習につなげていきましょう。

取り組み時間 5 分 ／ 回数 8 回分

例

さがし算 1

たて、よこ、ななめのとなり合った２つの数を足すと８になるものが１つあります。それをさがして○でかこみましょう。

three	one	five
six	five	four
eight	one	zero

five	four	three
six	two	two
three	four	five

zero	five	four
six	one	five
nine	six	seven

eight	three	two
four	four	three
two	seven	six

さがし算 1

たて、よこ、ななめのとなり合った 2 つの数を足すと 8 になるものが 1 つあります。それをさがして○でかこみましょう。

three	one	five
six	five	four
eight	one	zero

five	four	three
six	two	two
three	four	five

zero	five	four
six	one	five
nine	six	seven

eight	three	two
four	four	three
two	seven	six

年　　　組

さがし算 ②

たて、よこ、ななめのとなり合った２つの数を足すと９になるものが１つあります。それをさがして○でかこみましょう。

five	three	one
seven	zero	three
nine	four	seven

four	six	seven
six	two	six
five	five	six

three	seven	three
five	three	seven
eight	five	four

four	six	two
four	three	four
seven	seven	three

さがし算 3

たて、よこ、ななめのとなり合った 2 つの数を足すと 10 になるものが 1 つあります。それをさがして◯でかこみましょう。

two	three	two
seven	five	four
four	seven	nine

four	seven	four
five	four	seven
six	eight	one

four	seven	four
seven	five	one
six	two	five

three	two	seven
four	eight	four
five	four	three

さがし算 4

たて、よこ、ななめのとなり合った 2 つの数を足すと 11 になるものが 1 つあります。それをさがして○でかこみましょう。

one	two	five
five	nine	seven
three	five	seven

two	seven	six
seven	two	three
seven	eight	six

three	one	two
four	seven	seven
five	two	three

three	two	three
seven	five	seven
six	seven	two

年　　　組

さがし算 5

たて、よこ、ななめのとなり合った 2 つの数を足すと 11 になるものが 1 つあります。それをさがして○でかこみましょう。

two	four	eight
five	three	two
five	five	seven

two	three	two
seven	five	seven
five	seven	six

three	two	two
five	seven	seven
four	five	three

three	two	nine
six	six	four
eight	four	eight

さがし算 6

たて、よこ、ななめのとなり合った 2 つの数を足すと 12 になるものが 1 つあります。それをさがして○でかこみましょう。

three	one	four
two	nine	four
five	two	six

four	eight	six
two	two	five
four	six	one

nine	five	seven
six	four	three
four	seven	four

five	five	nine
eight	nine	six
one	six	two

年　　組

さがし算 7

たて、よこ、ななめのとなり合った 2 つの数を足すと 13 になるものが
1 つあります。それをさがして○でかこみましょう。

two	two	six
four	eight	three
five	seven	nine

four	eight	seven
six	three	six
nine	three	four

six	four	three
five	three	nine
nine	six	three

five	one	six
four	five	nine
six	seven	three

さがし算 8

たて、よこ、ななめのとなり合った 2 つの数を足すと 14 になるものが 1 つあります。それをさがして○でかこみましょう。

two	three	nine
four	five	seven
seven	three	eight

three	six	seven
seven	three	eight
nine	two	nine

two	four	three
seven	six	one
five	seven	six

two	five	eight
four	nine	two
seven	four	six

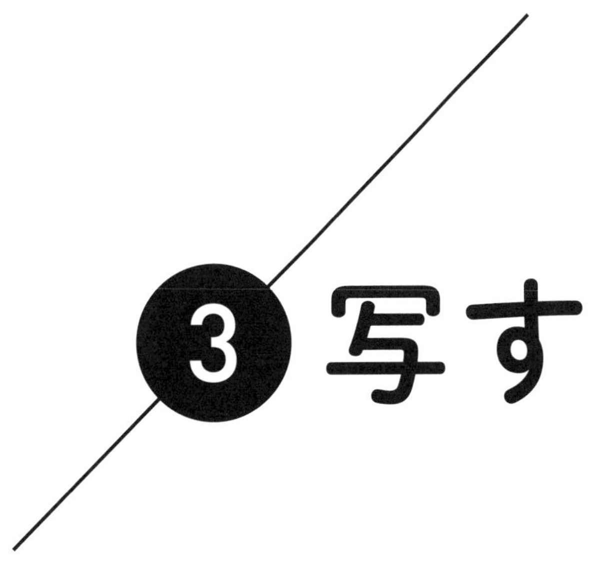
3 写す

❸ 写す

点つなぎ

★子どもにつけて欲しい力

ものを正確に写す力といった視覚認知の基礎力を向上させることで、文字の形態を正しく認識する力や、手先の微細運動、視覚と手先運動との協応の力などを養います。

★進め方

上段の見本をみながら、下段に写します。定規は使わずフリーハンドで行います。

★ポイント

・ 時間制限はありませんのでゆっくり確実に写してもらいましょう。
・ 点と点を結ぶ線が歪んでいても、正しくつなごうとしていることが分かれば正解とします。
・ できるだけ消しゴムを使わないで最初から正確に書いてみるよう注意を促しましょう。

★留意点

・ 点上にアルファベットが配置されるためその形態は必ずしも正確ではありませんが、ここの目的は写す力をつけることですので、時間に余裕があれば正確なアルファベットの形態を教科書や辞書などで確認してもらいましょう。
・ どうしても定規を使いたがる子どもがいますが、文字を書くのに定規を使わないのと同様に下手でもいいので定規は使わないよう伝えます。
・ もし正確に写せていなければ、すぐに正解を教えるのではなくどこが間違っているのかを見つけてもらいましょう。3回やらせて見つけられなければ正解を教えて、後日、再トライさせると効果的です。
・ この課題が難しいようであれば、もっとやさしい課題からスタートさせましょう（「やさしいコグトレ」点つなぎ（三輪書店）など）。

取り組み時間 5 分 ／ 回数 8 回分

例

点つなぎ ①

❶に書かれているえいたん語と同じように、
❷に点をつないでえいたん語を書きうつしましょう。

❶

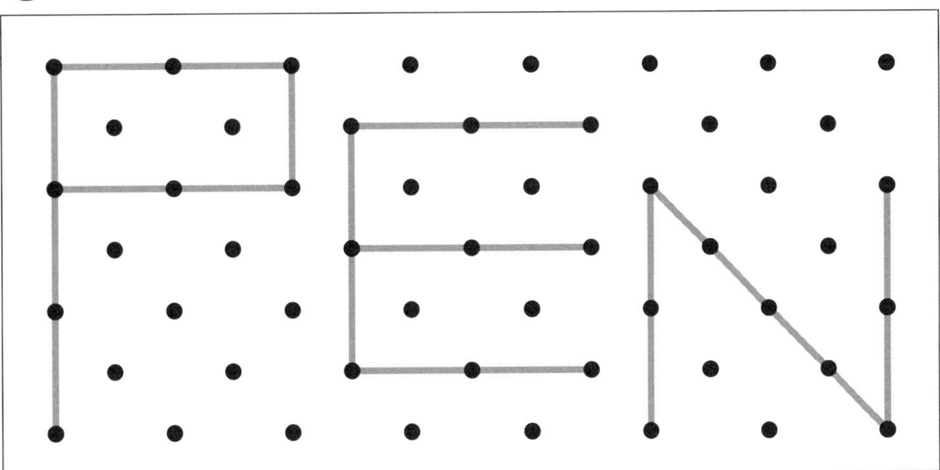

❷

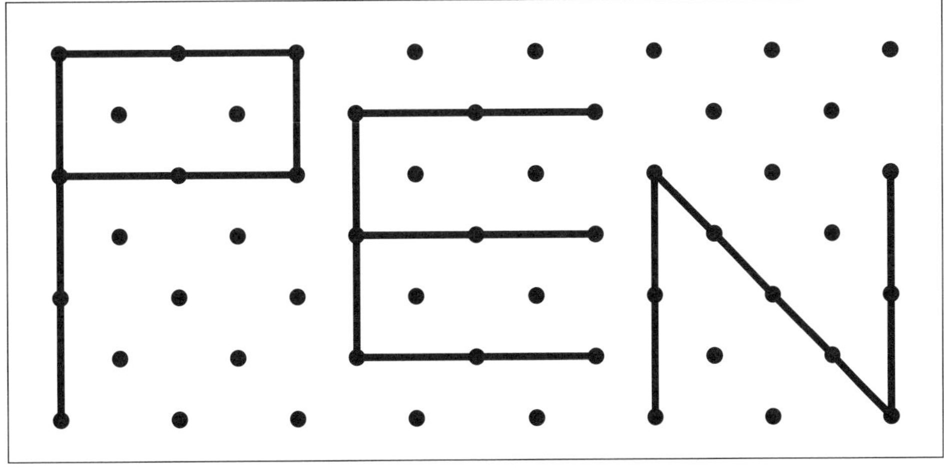

年　　　組

点つなぎ ①

❶に書かれているえいたん語と同じように、
❷に点をつないでえいたん語を書きうつしましょう。

❶

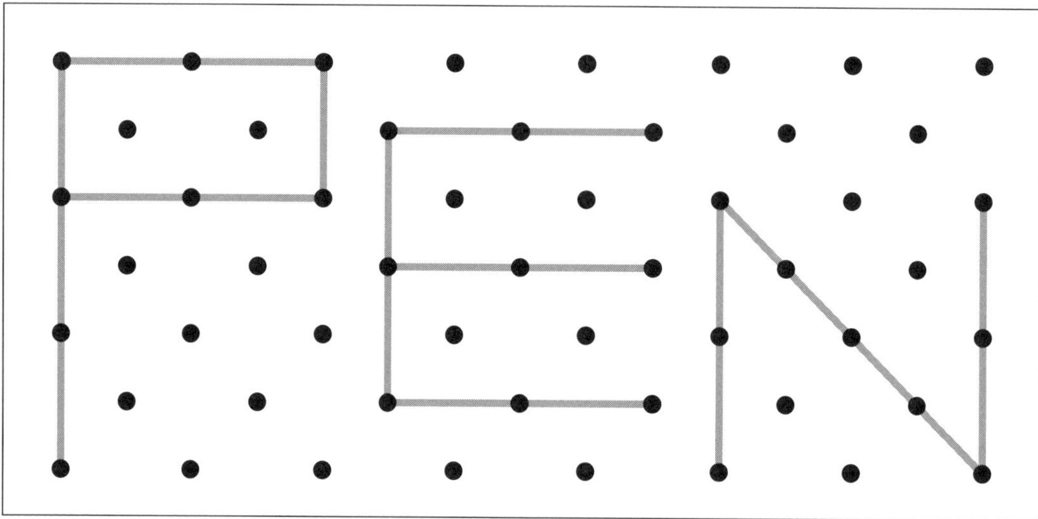

❷

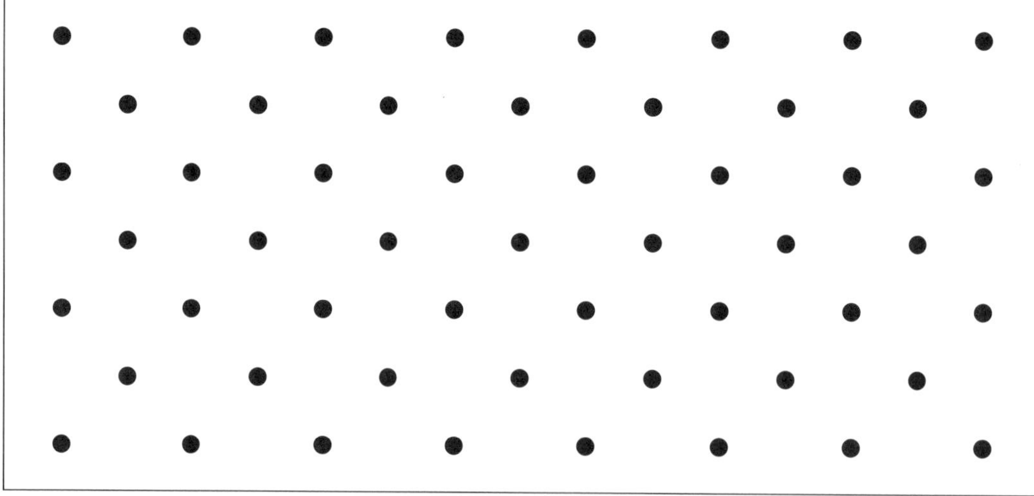

年　　　組

点つなぎ ②

❶に書かれているえいたん語と同じように、
❷に点をつないでえいたん語を書きうつしましょう。

❶

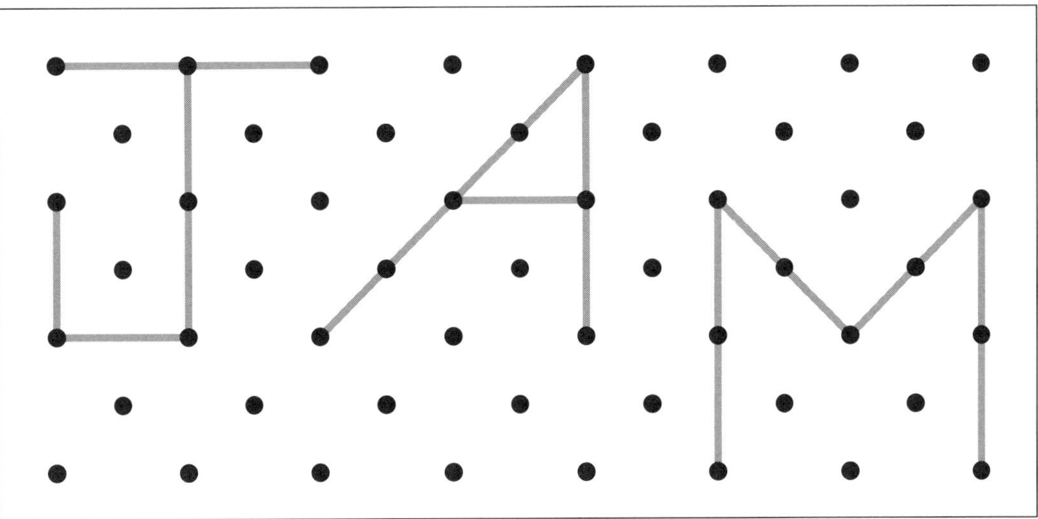

❷

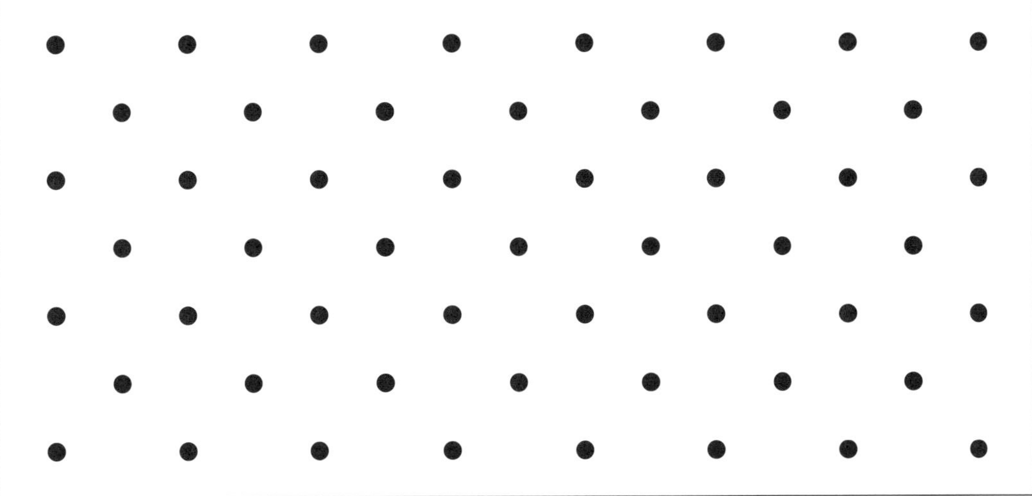

点つなぎ ③

❶に書かれているえいたん語と同じように、
❷に点をつないでえいたん語を書きうつしましょう。

❶

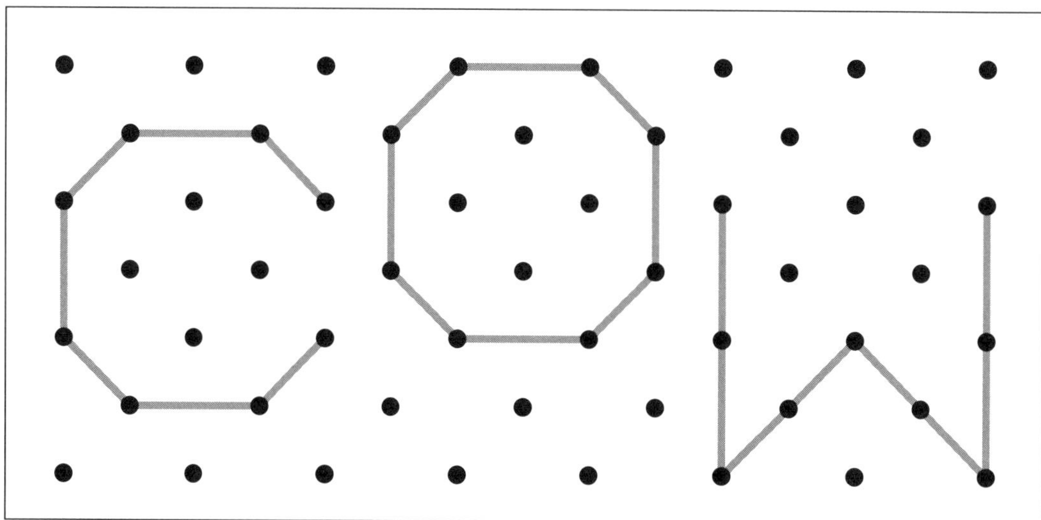

❷

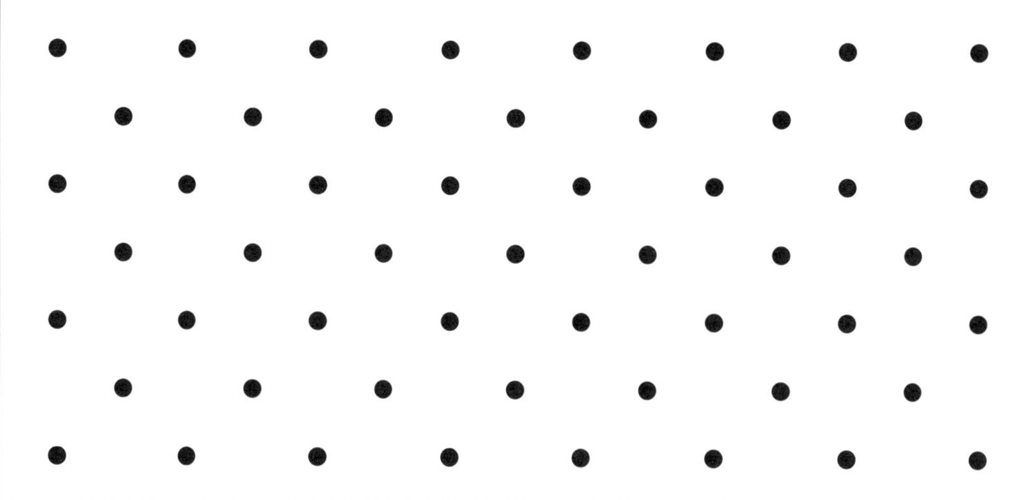

年　　組

点つなぎ ④

❶に書かれているえいたん語と同じように、
❷に点をつないでえいたん語を書きうつしましょう。

❶

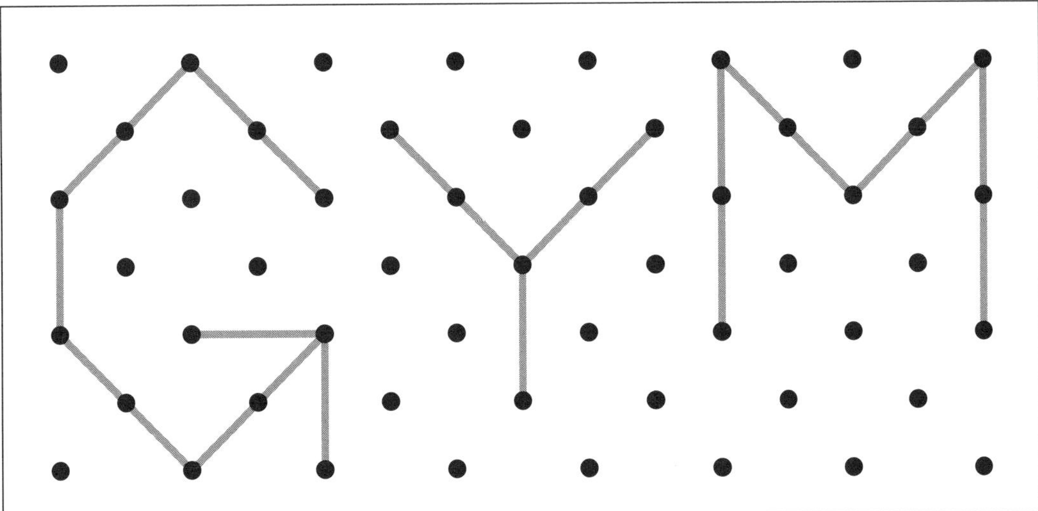

❷

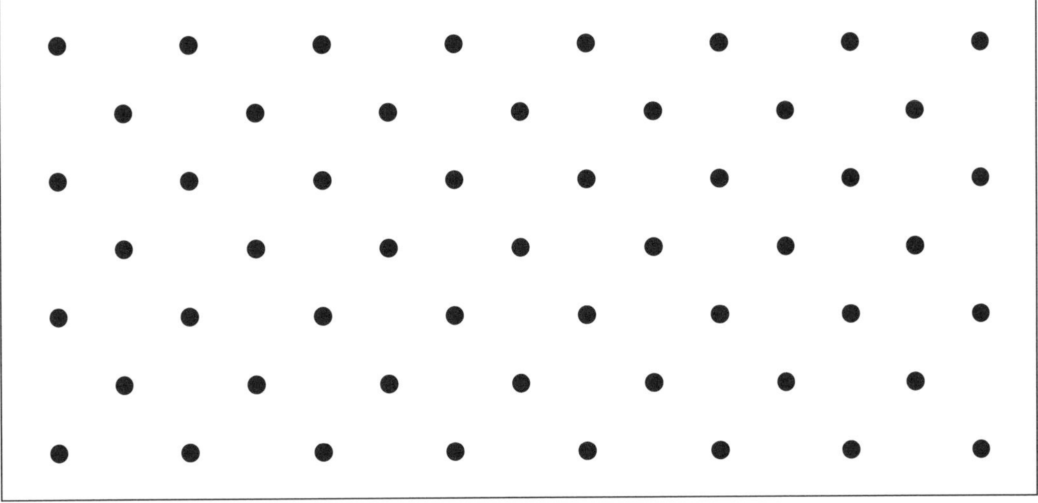

年　　　組

点つなぎ ⑤

❶に書かれているえいたん語と同じように、
❷に点をつないでえいたん語を書きうつしましょう。

❶

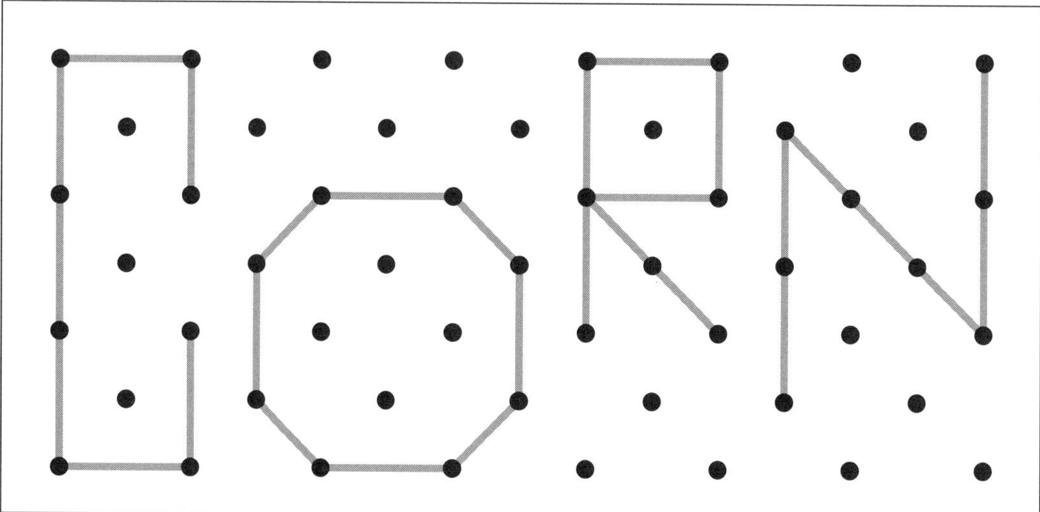

❷

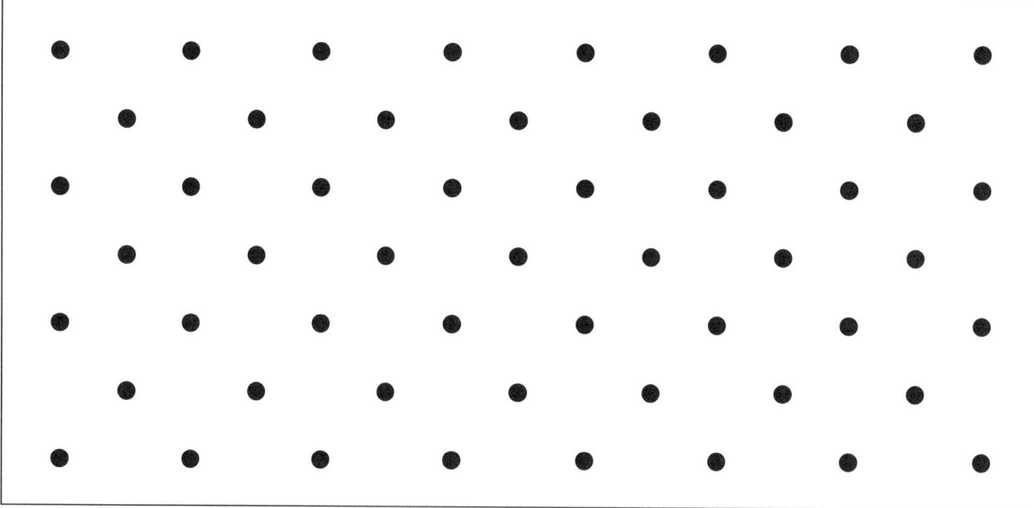

点つなぎ ⑥

❶に書かれているえいたん語と同じように、
❷に点をつないでえいたん語を書きうつしましょう。

❶

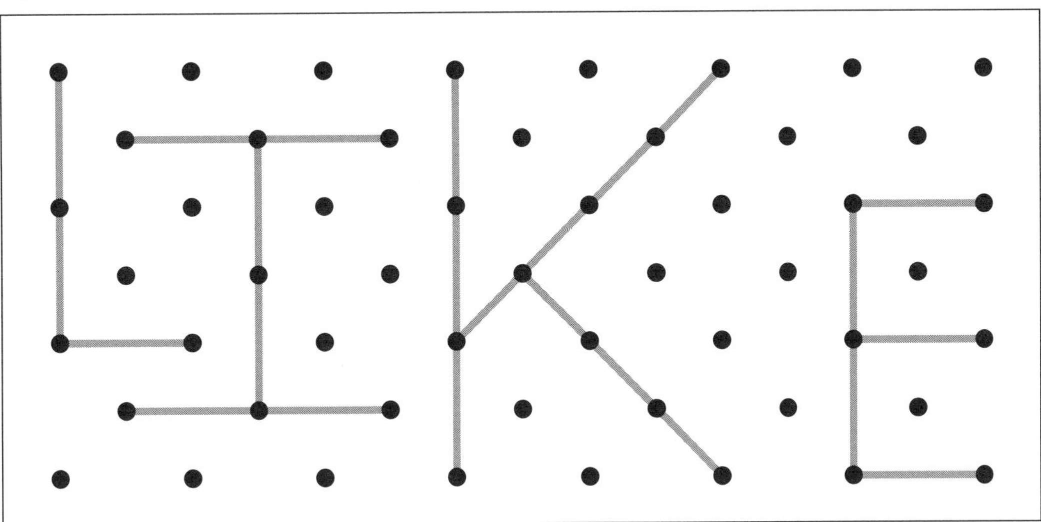

❷

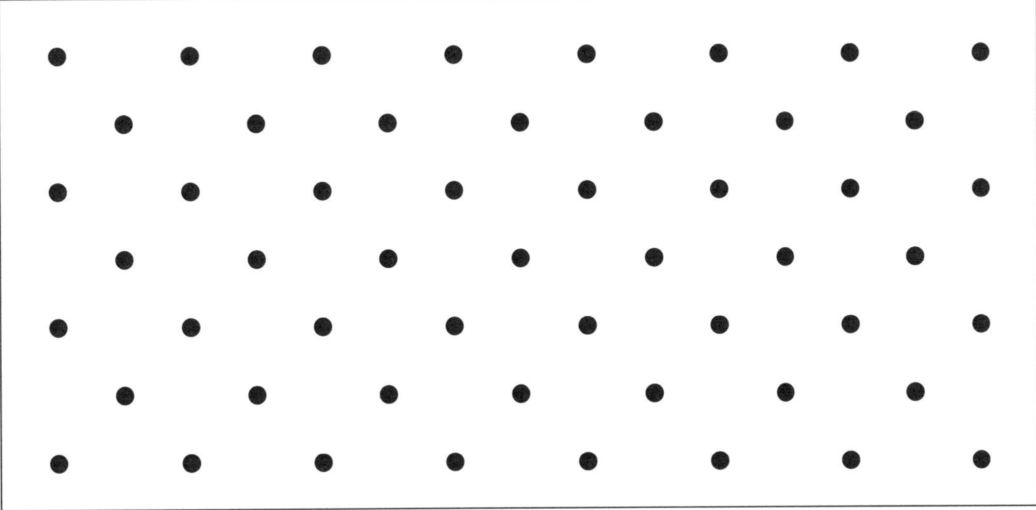

年　　組

点つなぎ ⑦

❶に書かれているえいたん語と同じように、
❷に点をつないでえいたん語を書きうつしましょう。

❶

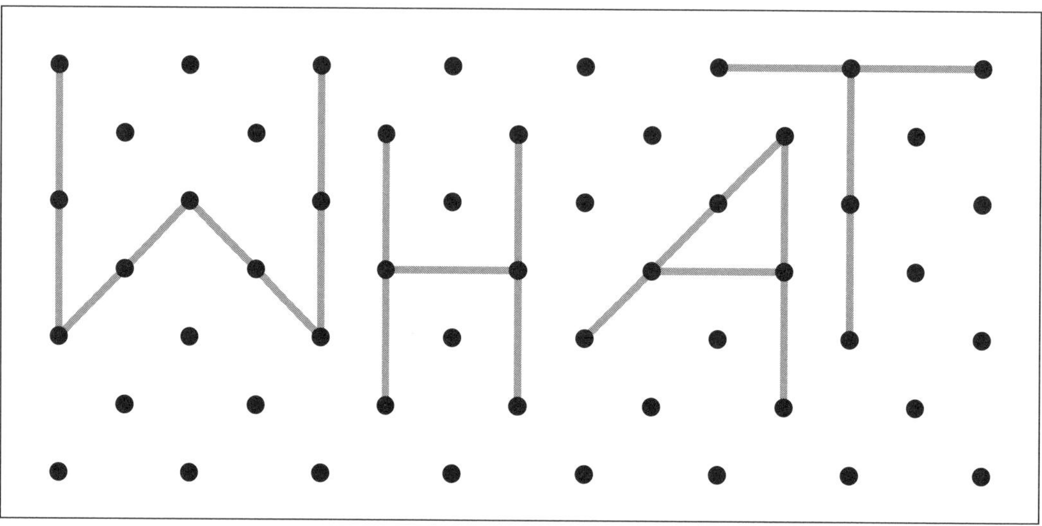

❷

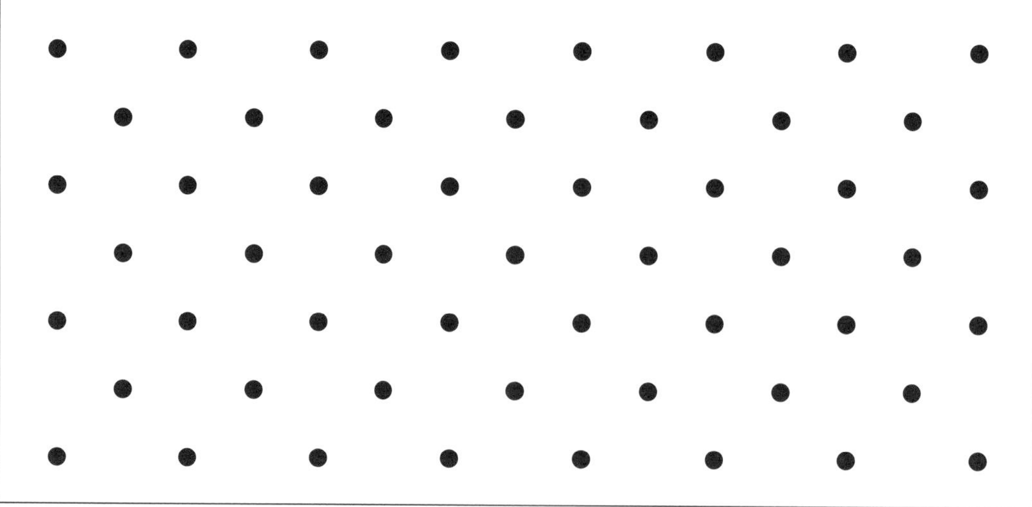

点つなぎ 8

❶に書かれているえいたん語と同じように、
❷に点をつないでえいたん語を書きうつしましょう。

❶

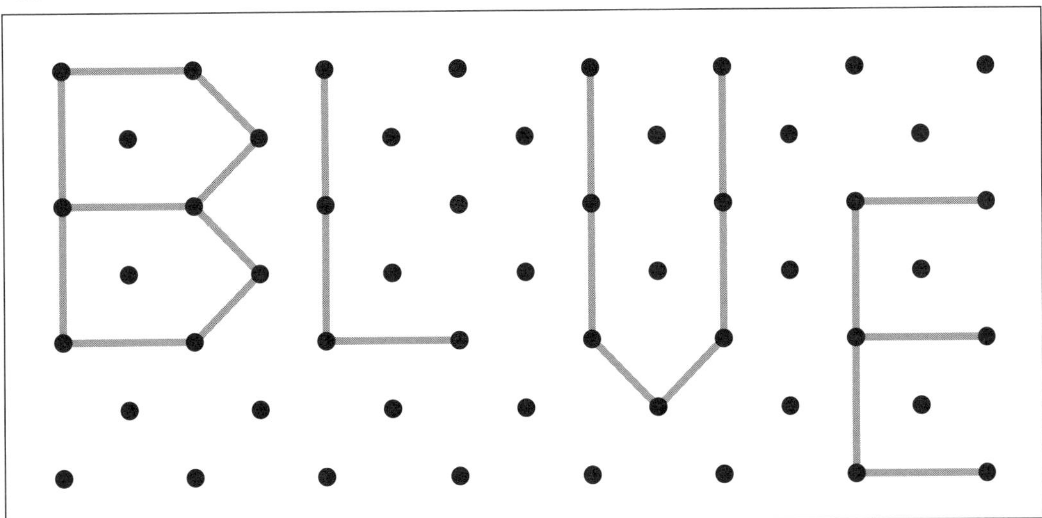

❷

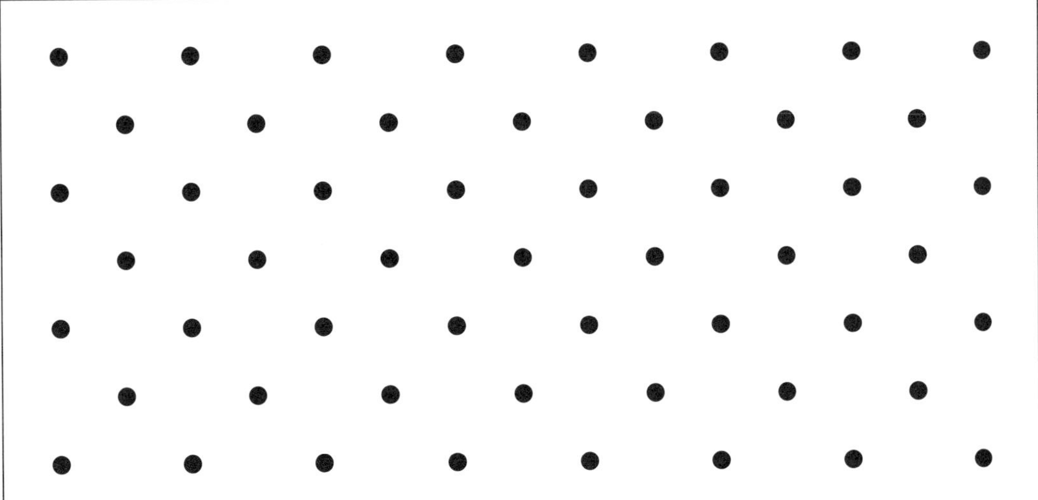

❸ 写す

くるくるアルファベット

★子どもにつけて欲しい力

角度が変わっても同じ形であることを認識する力、論理性、心的回転の力を養います。

★進め方

上の○の中のアルファベットを見ながら、下の○の中に正しい方向で写します。

★ポイント

- 上の○の中にあるアルファベットが何であるかに気づくことに加え、下の○の中に正しい方向で写す必要があります。ヒントは★の位置です。★と線の位置関係を考えてもらいます。

★留意点

- 何のアルファベットか気づかなければ紙を回転させてあげましょう。
- 点上にアルファベットが配置されるため形態が必ずしも正確ではありませんが、ここの目的は写す力をつけることですので、時間に余裕があれば正確なアルファベットの形態を教科書や辞書などで確認してもらいましょう。

取り組み時間 5 分 ／ 回数 8 回分

例

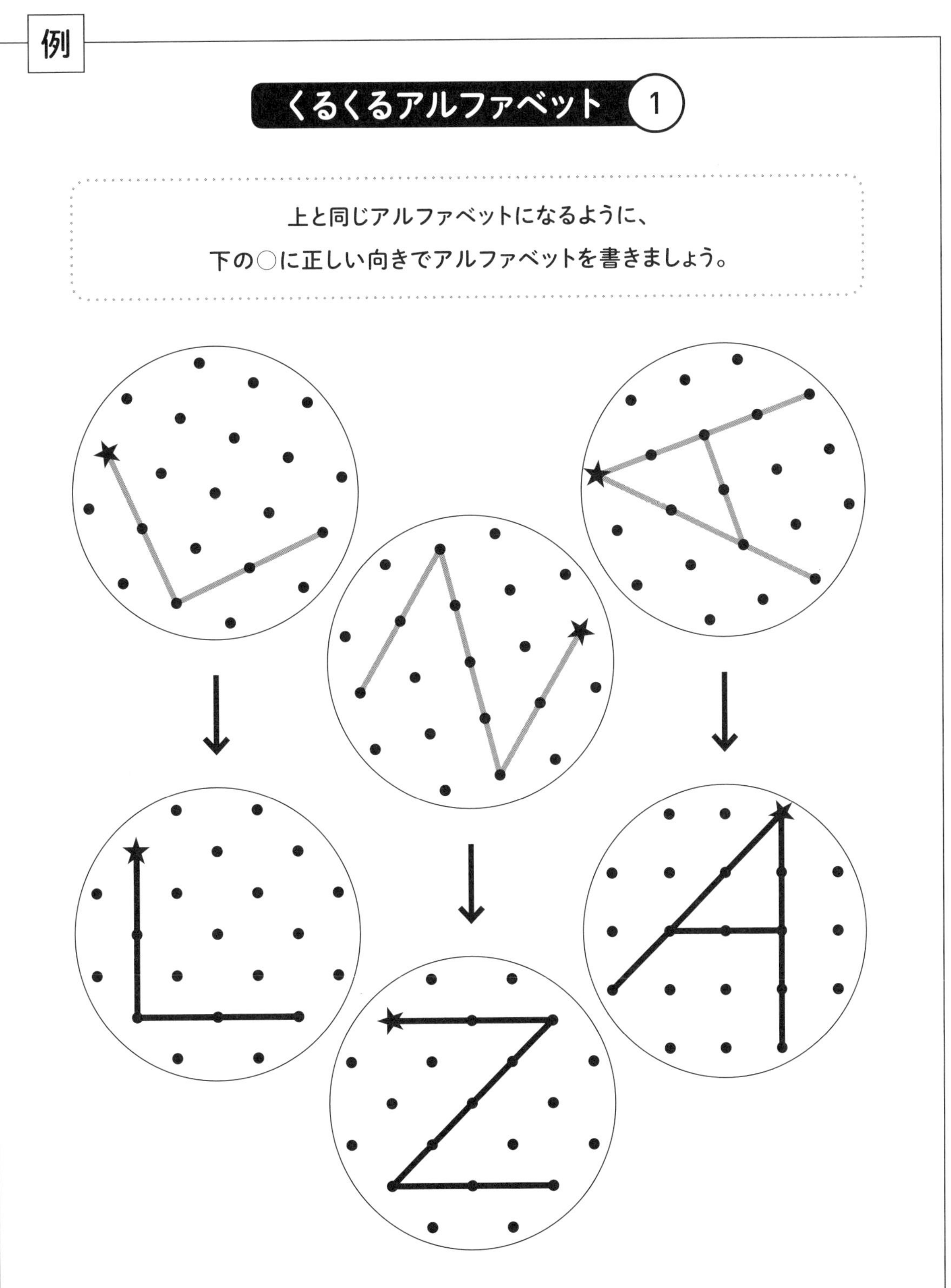
くるくるアルファベット 1
上と同じアルファベットになるように、
下の○に正しい向きでアルファベットを書きましょう。

年　　組

くるくるアルファベット ①

上と同じアルファベットになるように、
下の○に正しい向きでアルファベットを書きましょう。

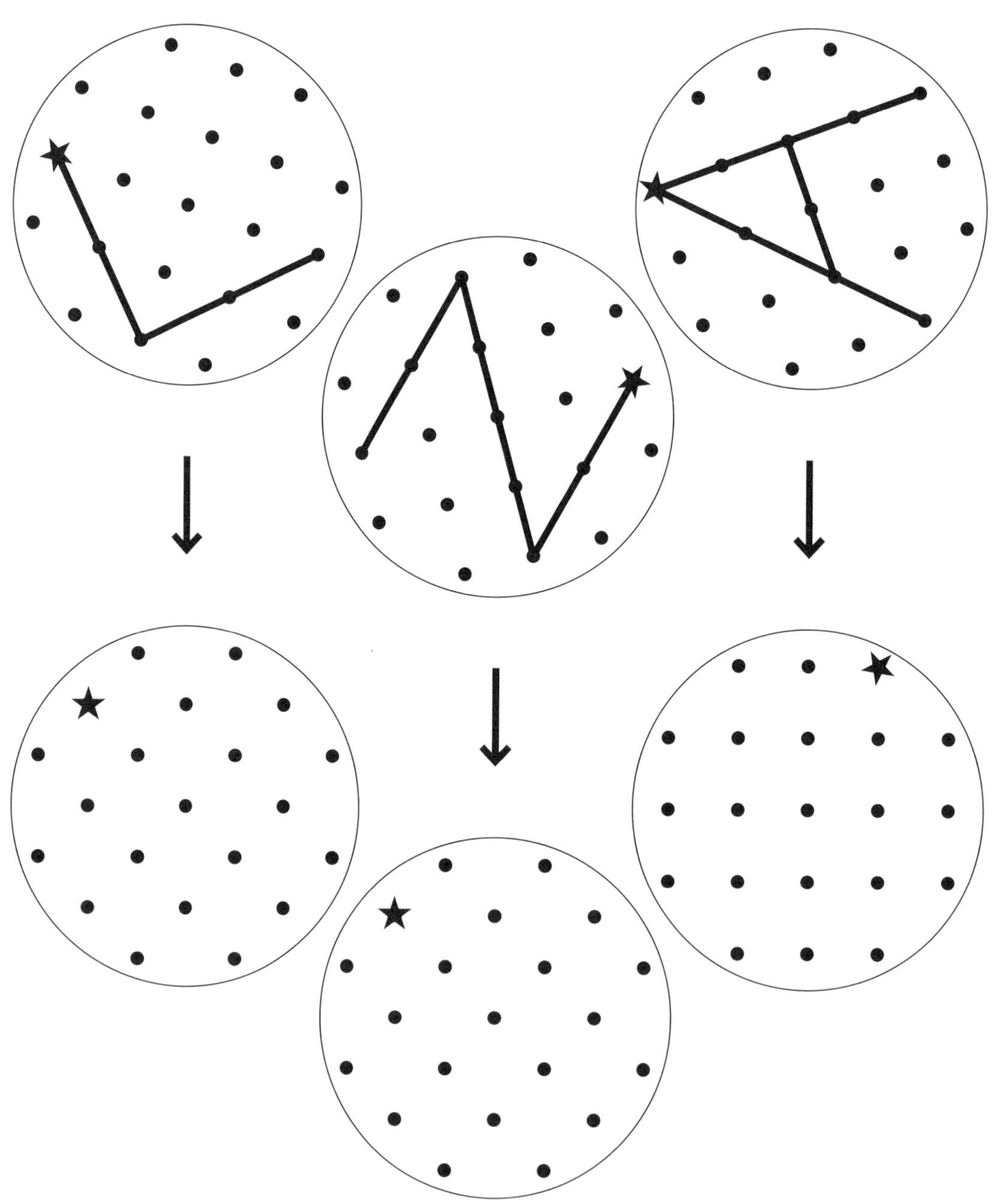

年　　　組

くるくるアルファベット ②

上と同じアルファベットになるように、
下の○に正しい向きでアルファベットを書きましょう。

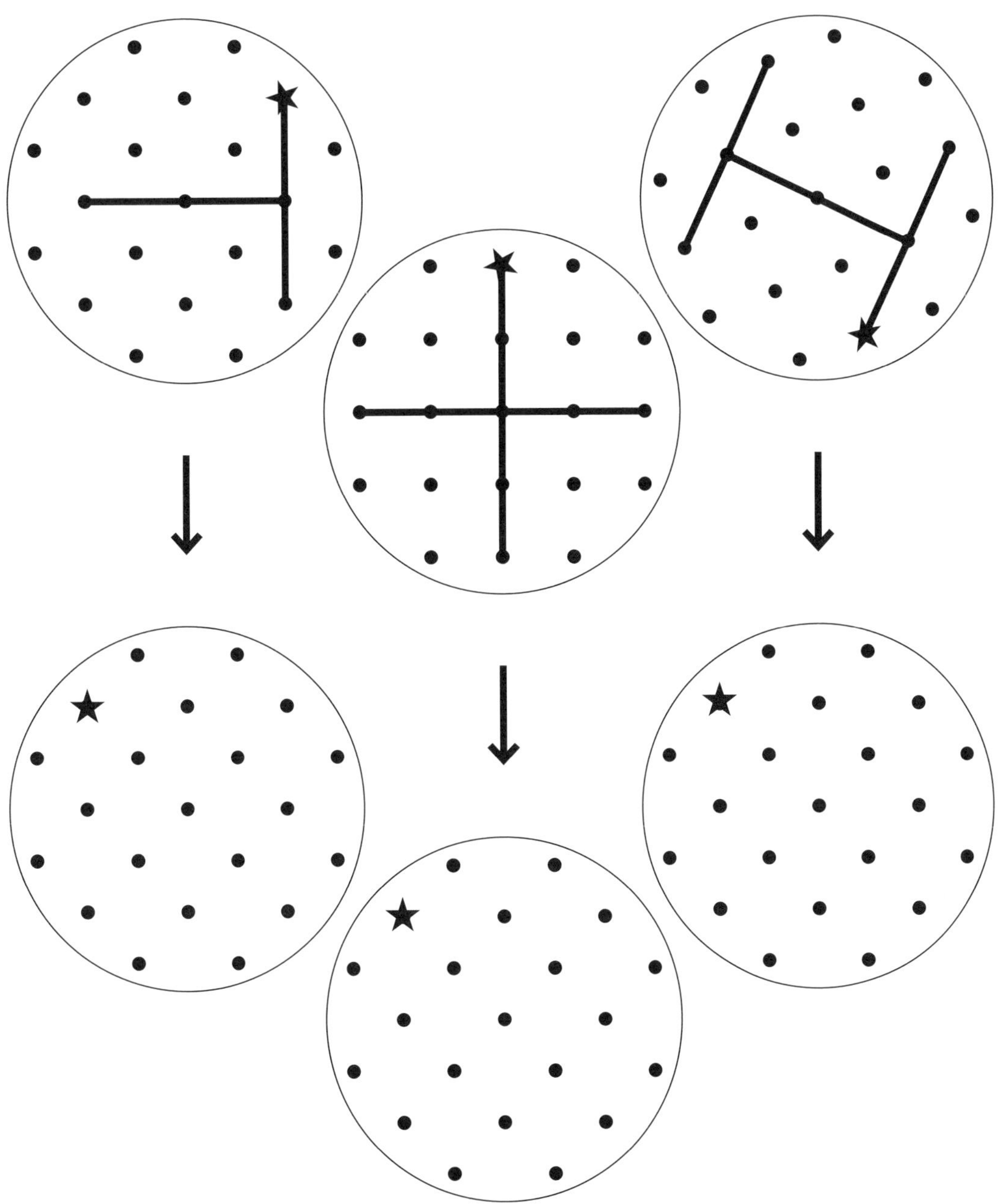

くるくるアルファベット ③

上と同じアルファベットになるように、
下の○に正しい向きでアルファベットを書きましょう。

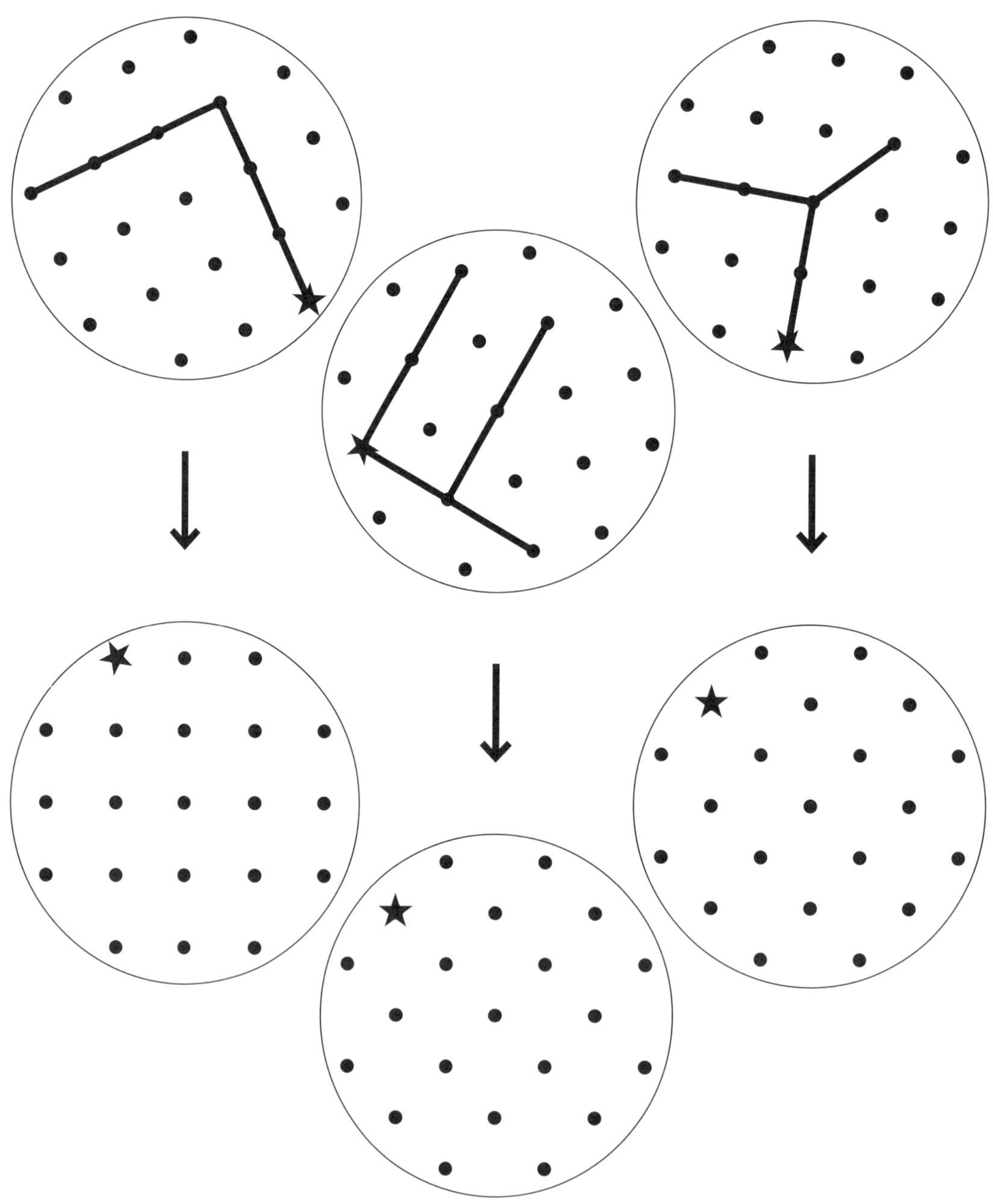

くるくるアルファベット ④

上と同じアルファベットになるように、
下の○に正しい向きでアルファベットを書きましょう。

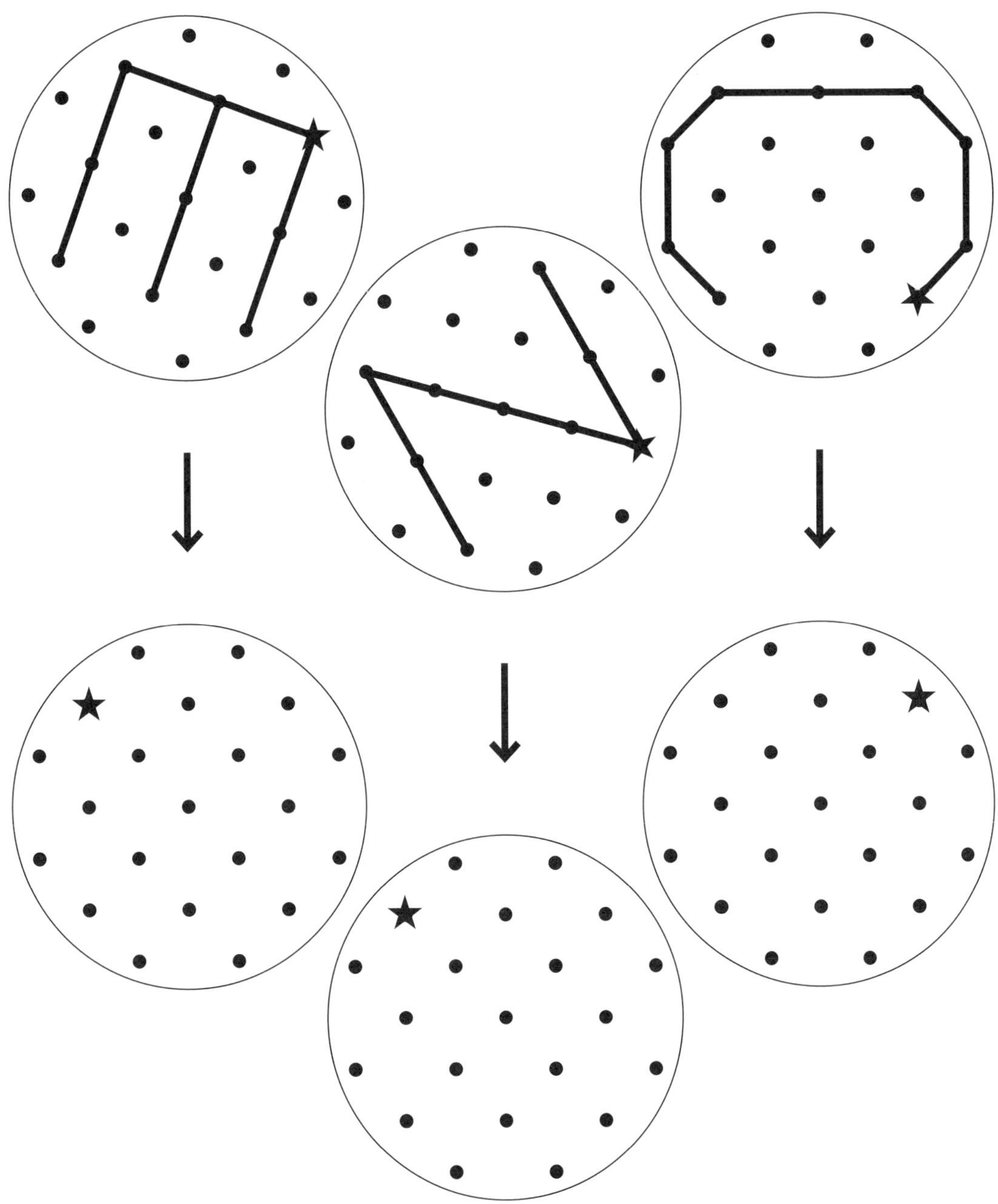

くるくるアルファベット 5

上と同じアルファベットになるように、
下の○に正しい向きでアルファベットを書きましょう。

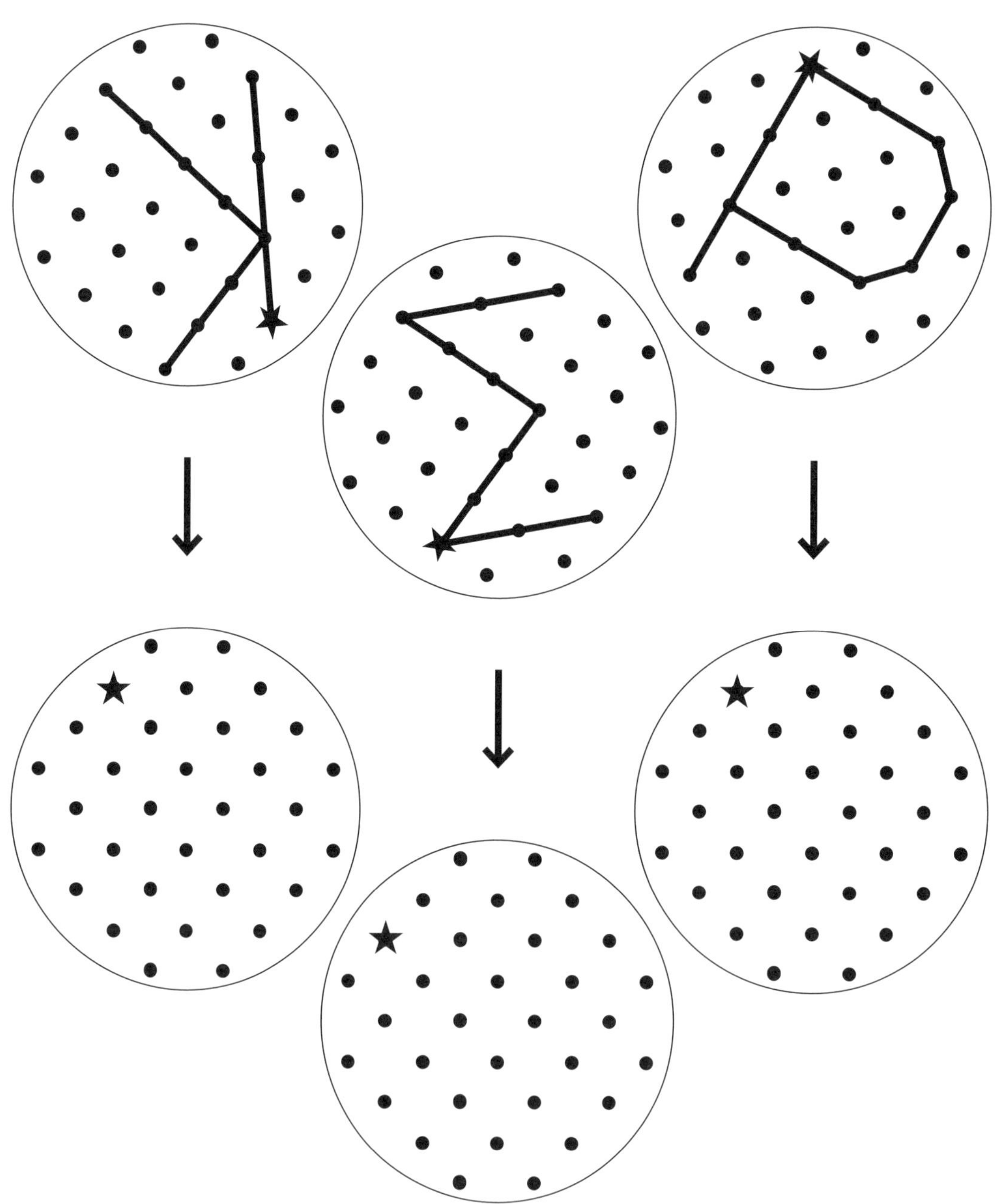

くるくるアルファベット ⑥

上と同じアルファベットになるように、
下の○に正しい向きでアルファベットを書きましょう。

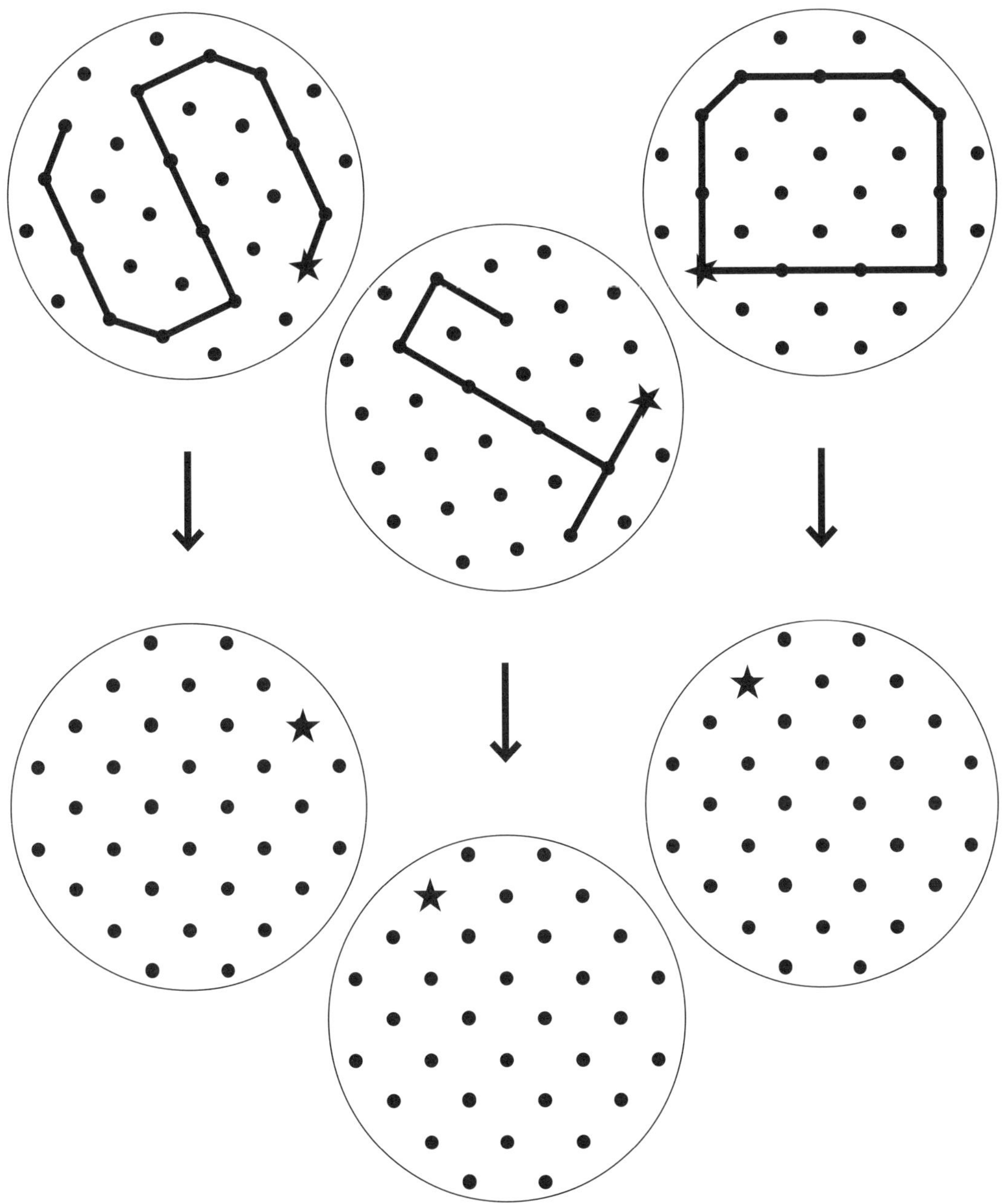

くるくるアルファベット ⑦

上と同じアルファベットになるように、
下の○に正しい向きでアルファベットを書きましょう。

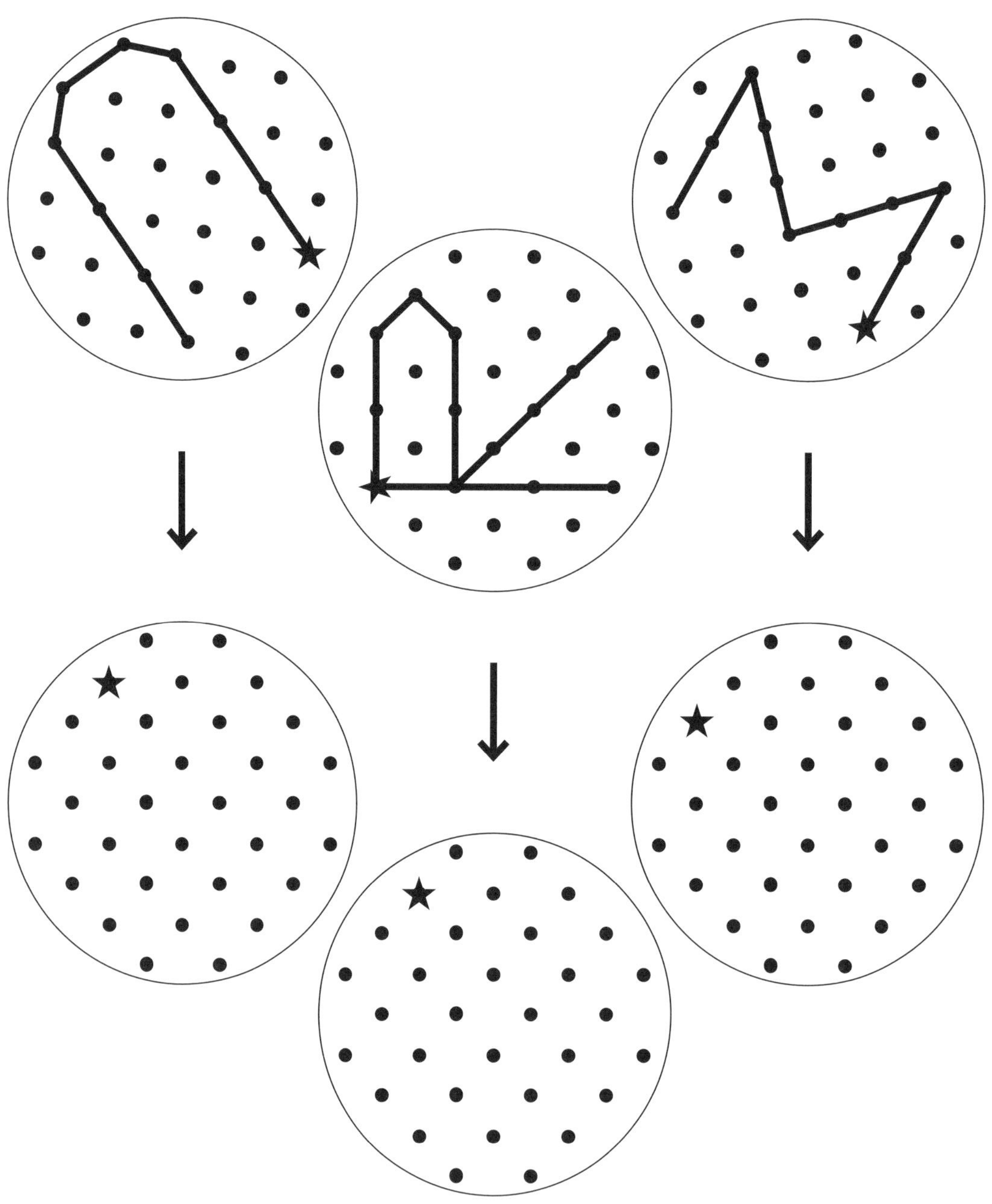

くるくるアルファベット 8

上と同じアルファベットになるように、
下の○に正しい向きでアルファベットを書きましょう。

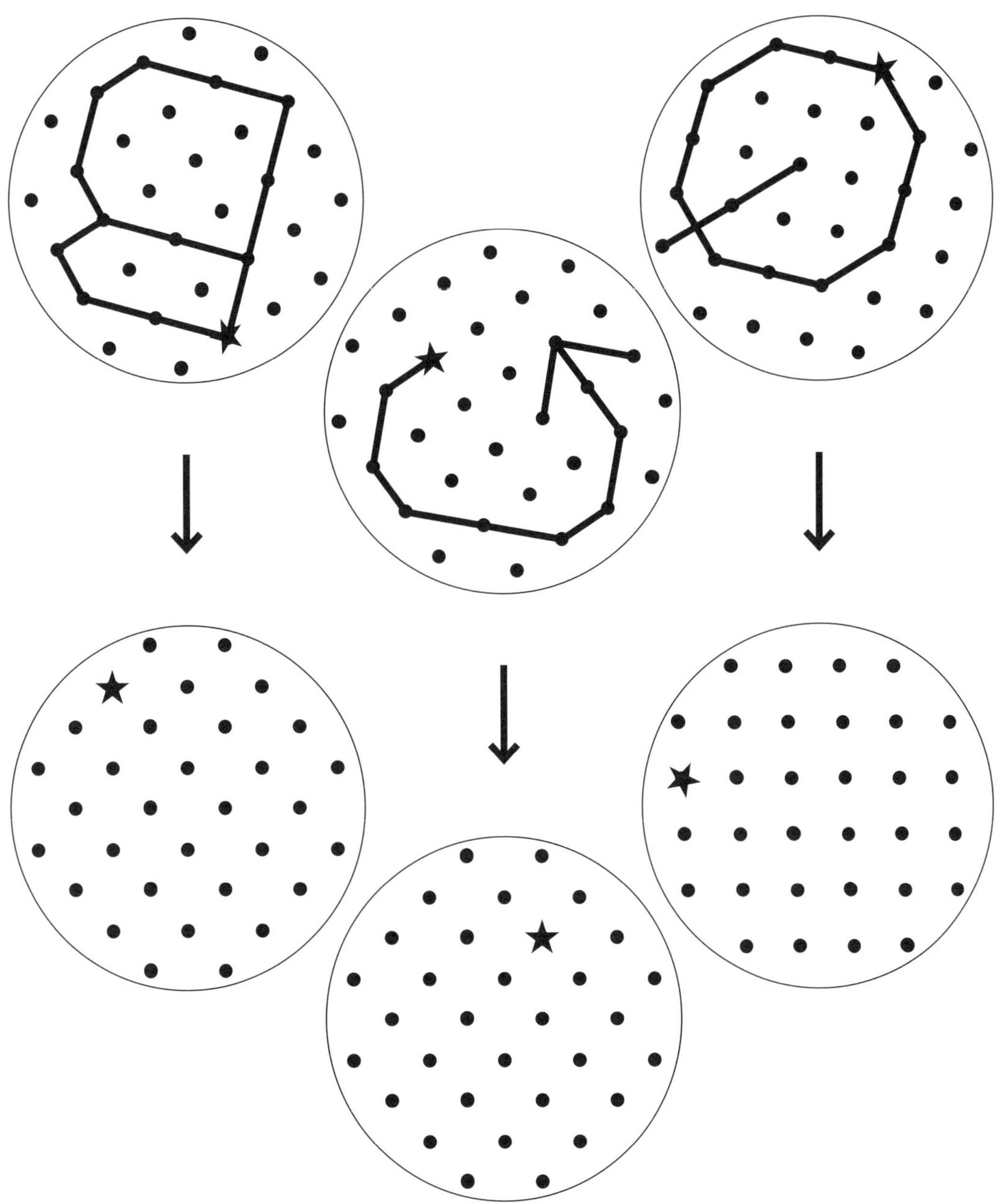

❸ 写す

鏡・水面英単語

★子どもにつけて欲しい力

英単語を鏡像や水面像に置き換え、位置関係を理解する力、想像しながら正確に写す力を養います。

★進め方

鏡と水面に何かの英単語が映っているので、それを想像して正しい英単語を空欄に書き直してもらいます。

★ポイント

・何の英単語か分かれば、それを正しく枠に書くだけですので比較的容易ですが、できるだけ鏡像、水面像と同じようになるよう書いてもらいましょう。
・もし英単語が分からない場合は実際に鏡を使って何の英単語か理解してもらいましょう。

★留意点

・この課題が難しいようであれば、もっと基礎的な課題からスタートさせましょう（「コグトレ　みる・きく・想像するための認知機能強化トレーニング」鏡映し（三輪書店）など）。

取り組み時間 5 分 ／ 回数 8 回分

例

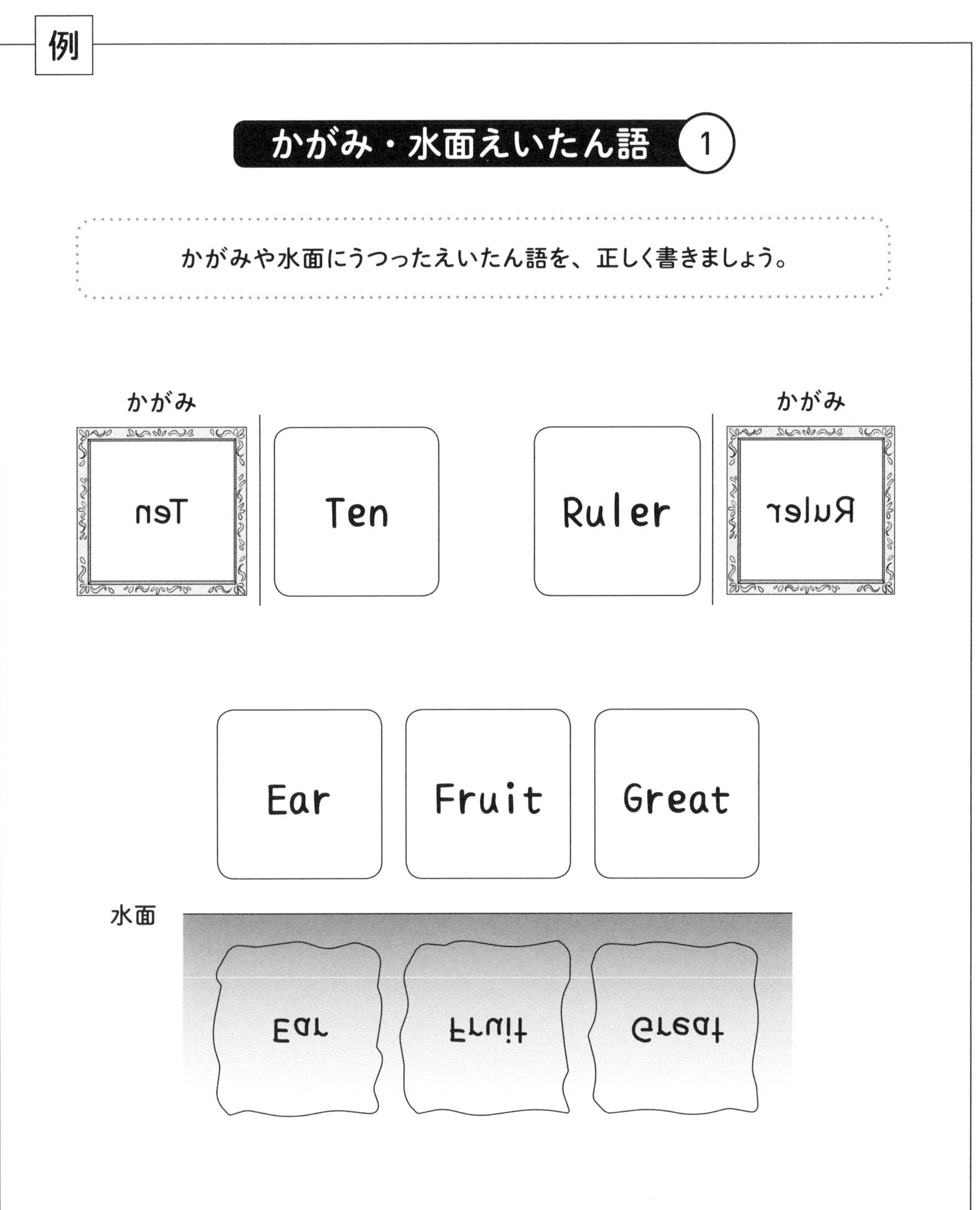

年　　　組

かがみ・水面えいたん語 ①

かがみや水面にうつったえいたん語を、正しく書きましょう。

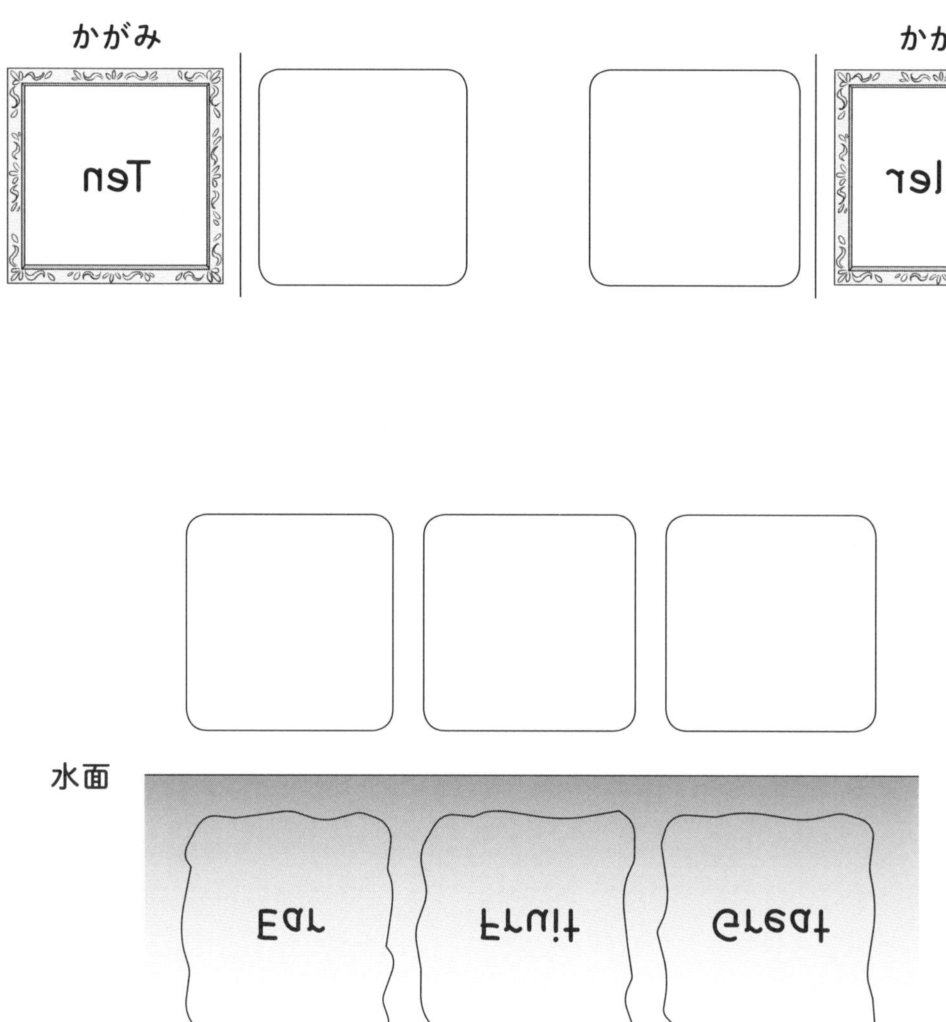

かがみ・水面えいたん語 ②

かがみや水面にうつったえいたん語を、正しく書きましょう。

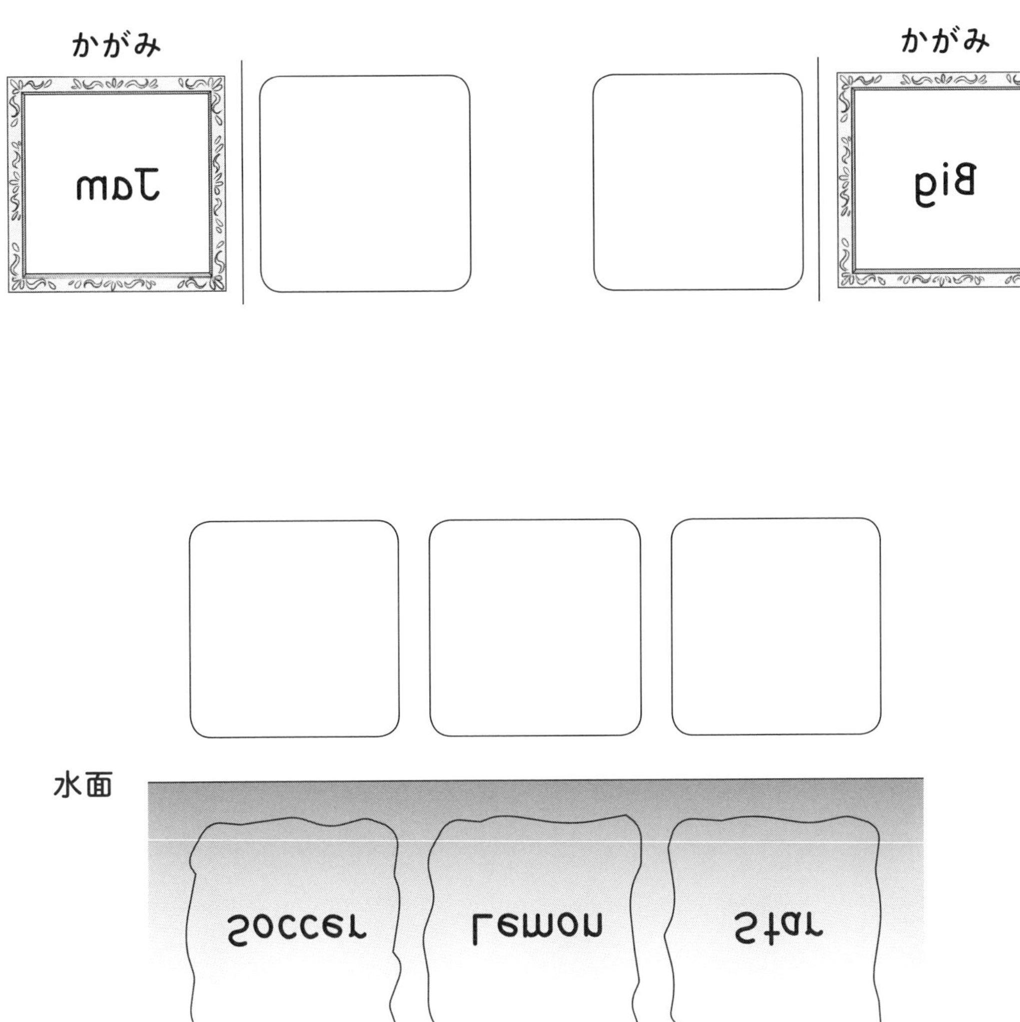

かがみ・水面えいたん語 ③

かがみや水面にうつったえいたん語を、正しく書きましょう。

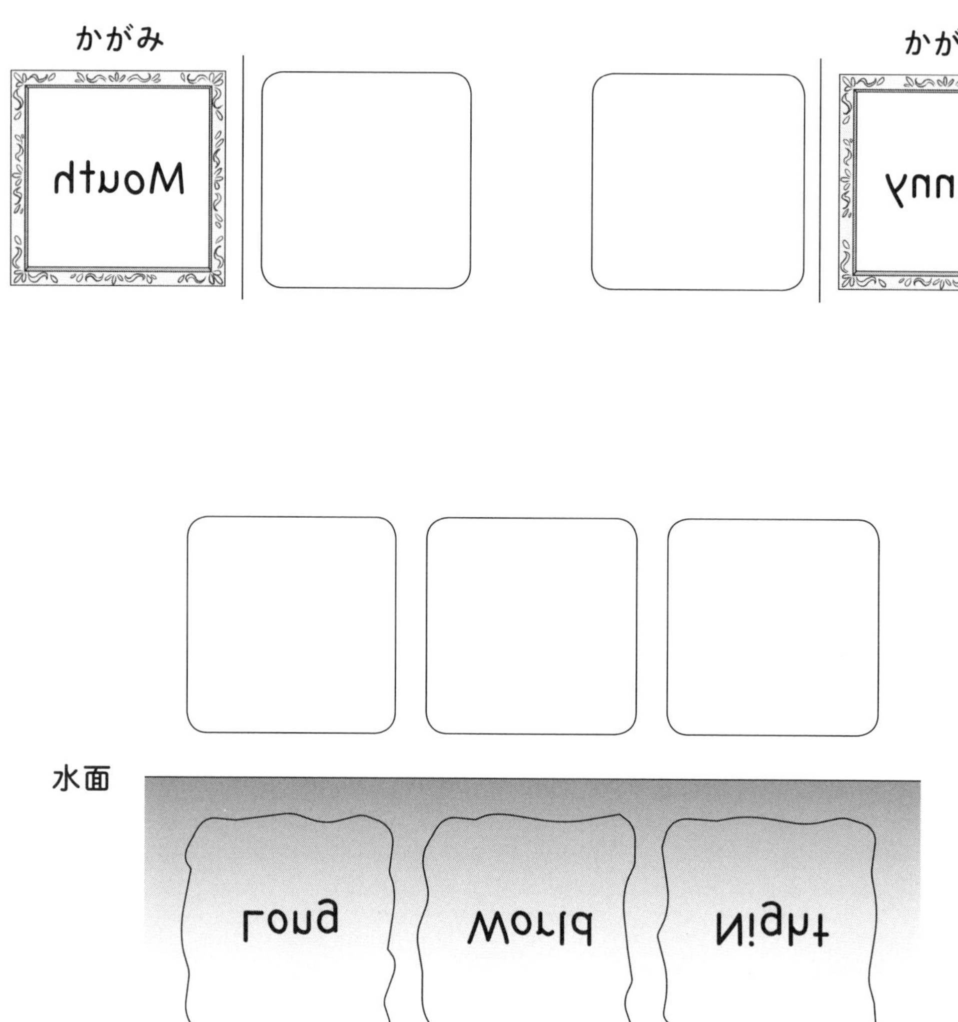

かがみ・水面えいたん語 ④

かがみや水面にうつったえいたん語を、正しく書きましょう。

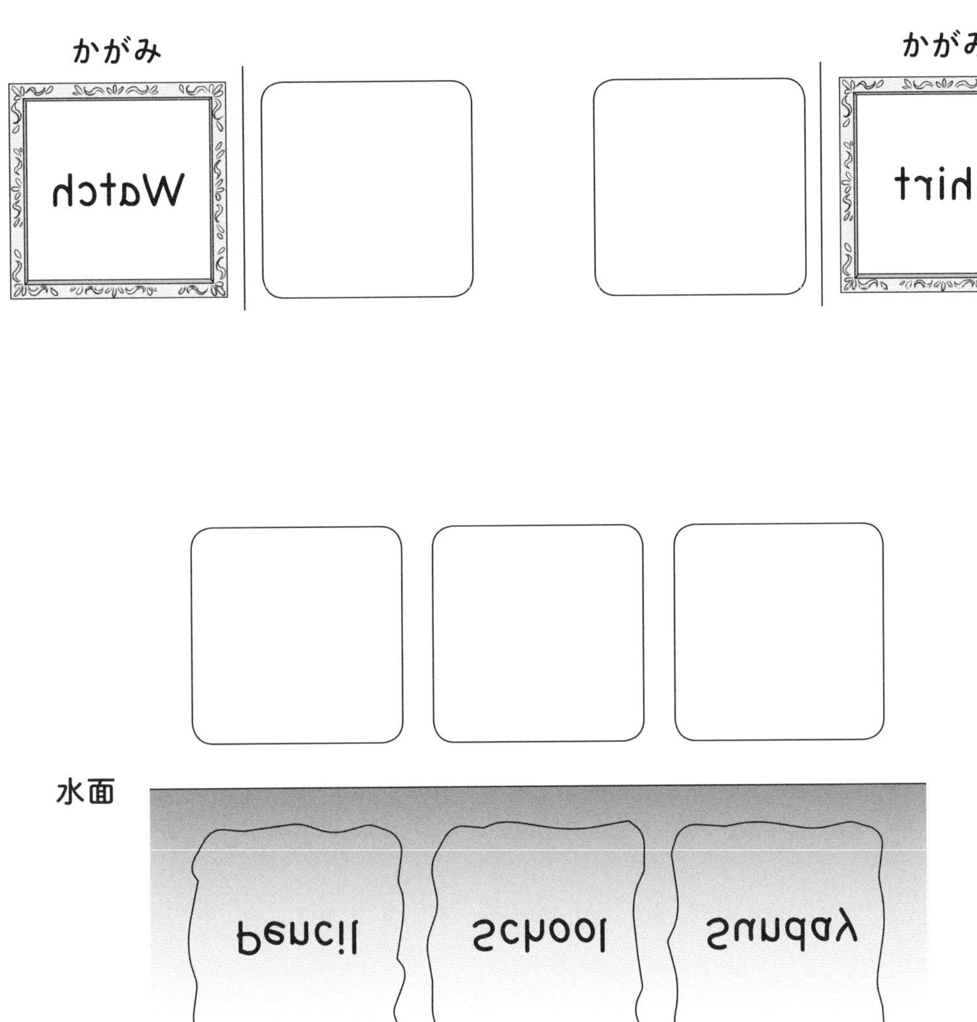

かがみ・水面えいたん語 5

かがみや水面にうつったえいたん語を、正しく書きましょう。

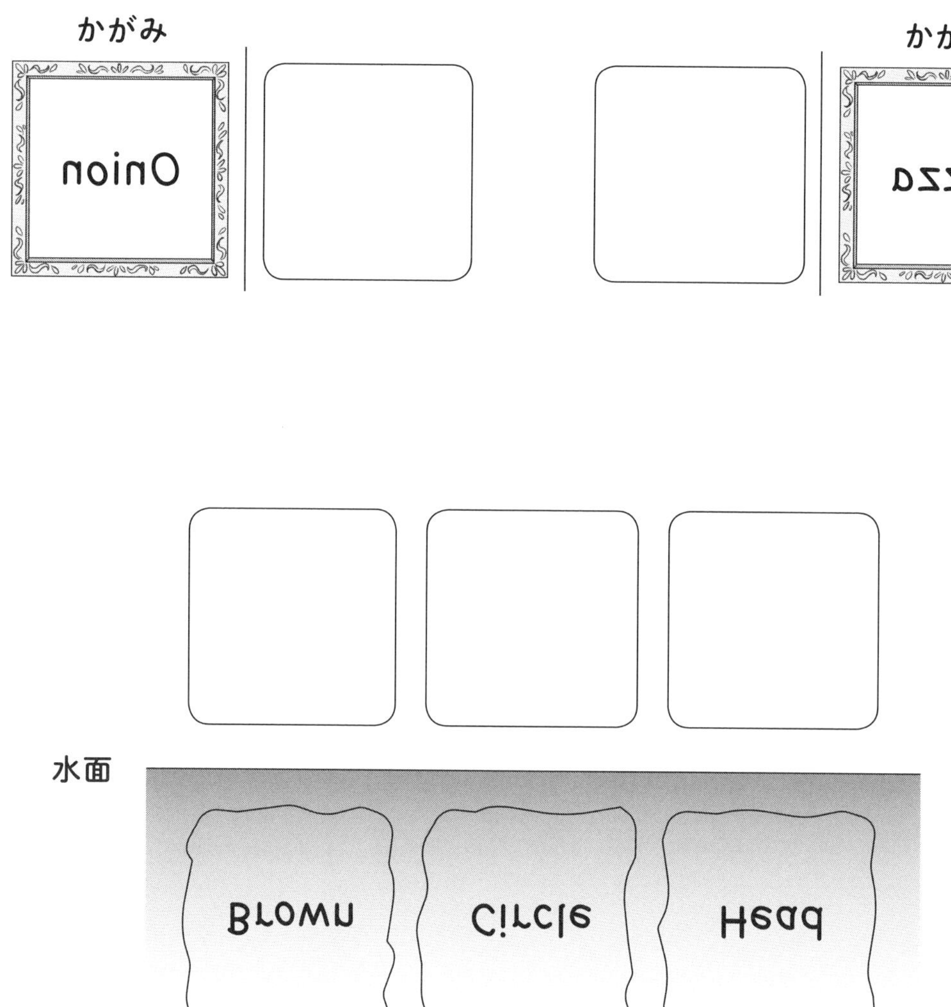

かがみ・水面えいたん語 ⑥

かがみや水面にうつったえいたん語を、正しく書きましょう。

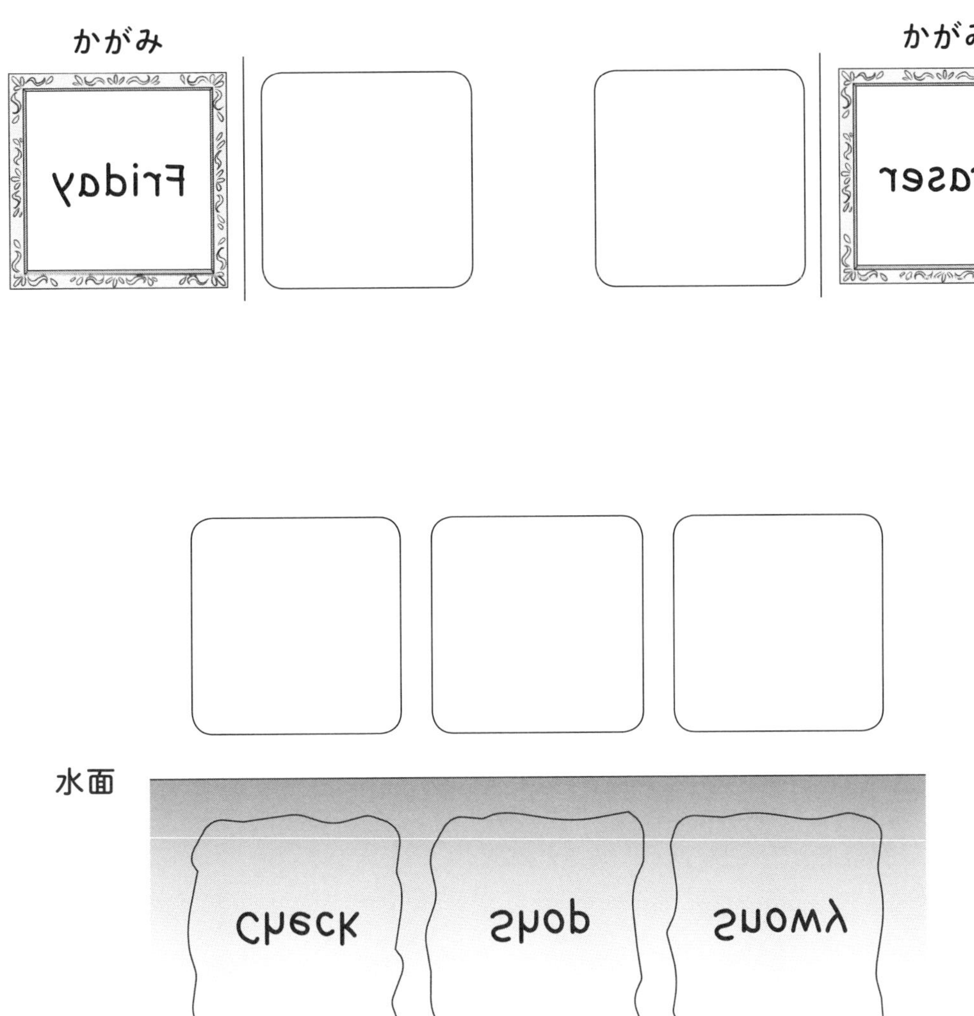

かがみ・水面えいたん語 ⑦

かがみや水面にうつったえいたん語を、正しく書きましょう。

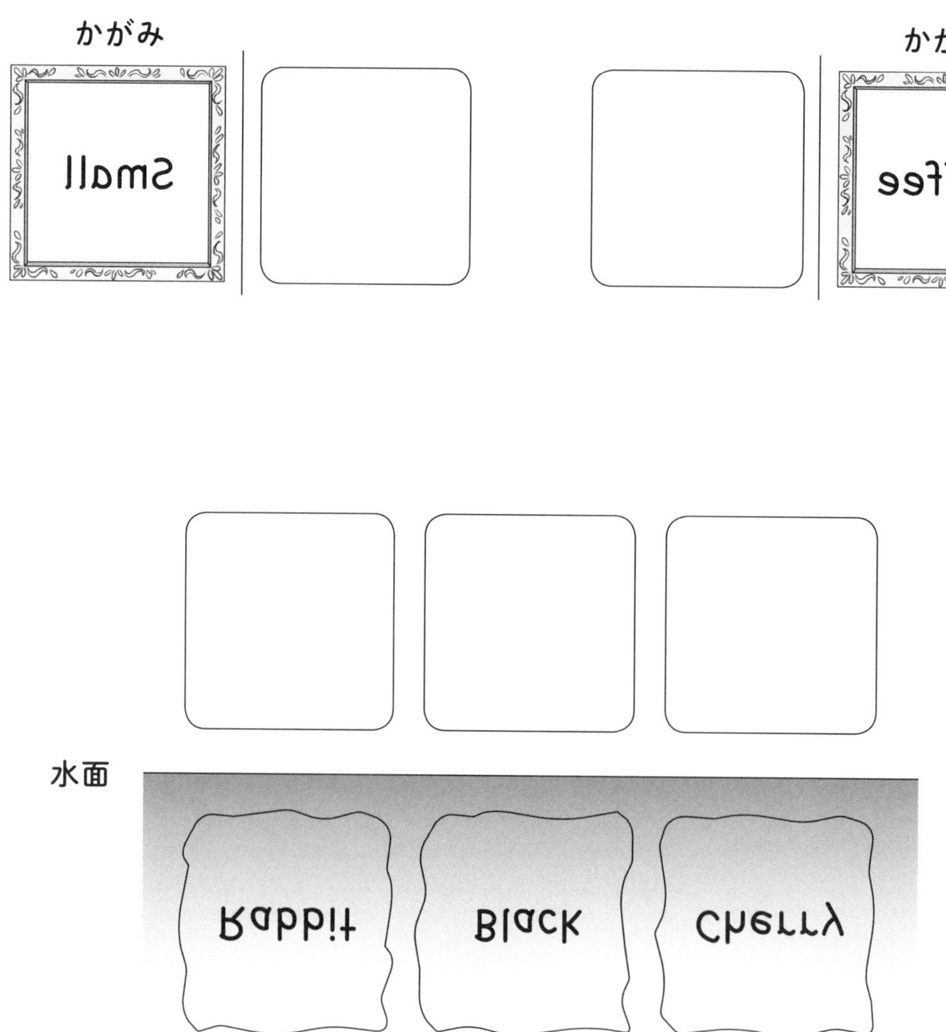

かがみ・水面えいたん語 ⑧

かがみや水面にうつったえいたん語を、正しく書きましょう。

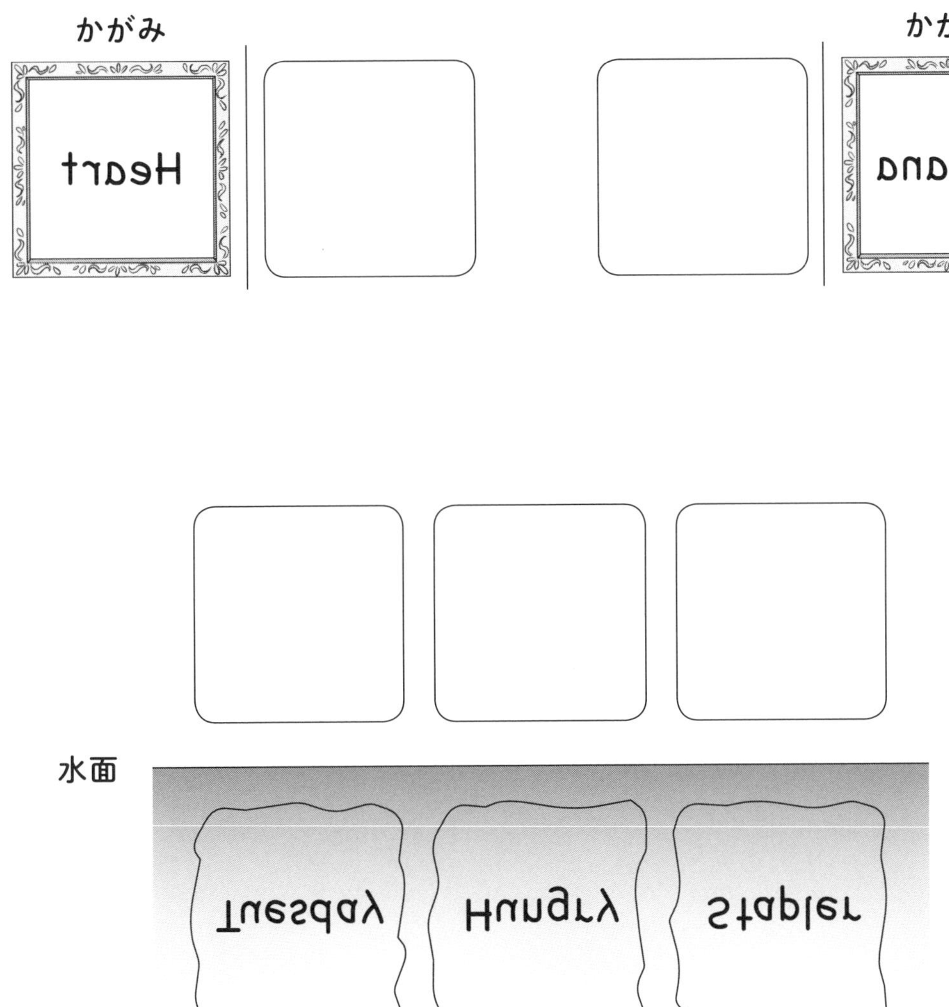

4 見つける

❹ 見つける

アルファベットさがし

★子どもにつけて欲しい力

不規則に並んだ点群の中からある特定の形を見つけることで、形の輪郭を認識できる力を養います。

★進め方

上に示されたアルファベットの輪郭をかたどった点配列を下の点群の中から探し、線で結びます。

★ポイント

・ 対象となる配列の個数が問題に書いてありますので、すべて見つかるまで探してもらいましょう。
・ わかりにくければ最初の一つを線で結んで見本を見せてあげましょう。

★留意点

・ ターゲットのアルファベットがほとんど見つけられず、この課題が難しいようであれば黒板を写したりすることも困難であることが推測されます。もっとやさしい課題から取り組ませましょう。
(「やさしいコグトレ」形さがし（三輪書店）など)。

取り組み時間 5 分 ／ 回数 8 回分

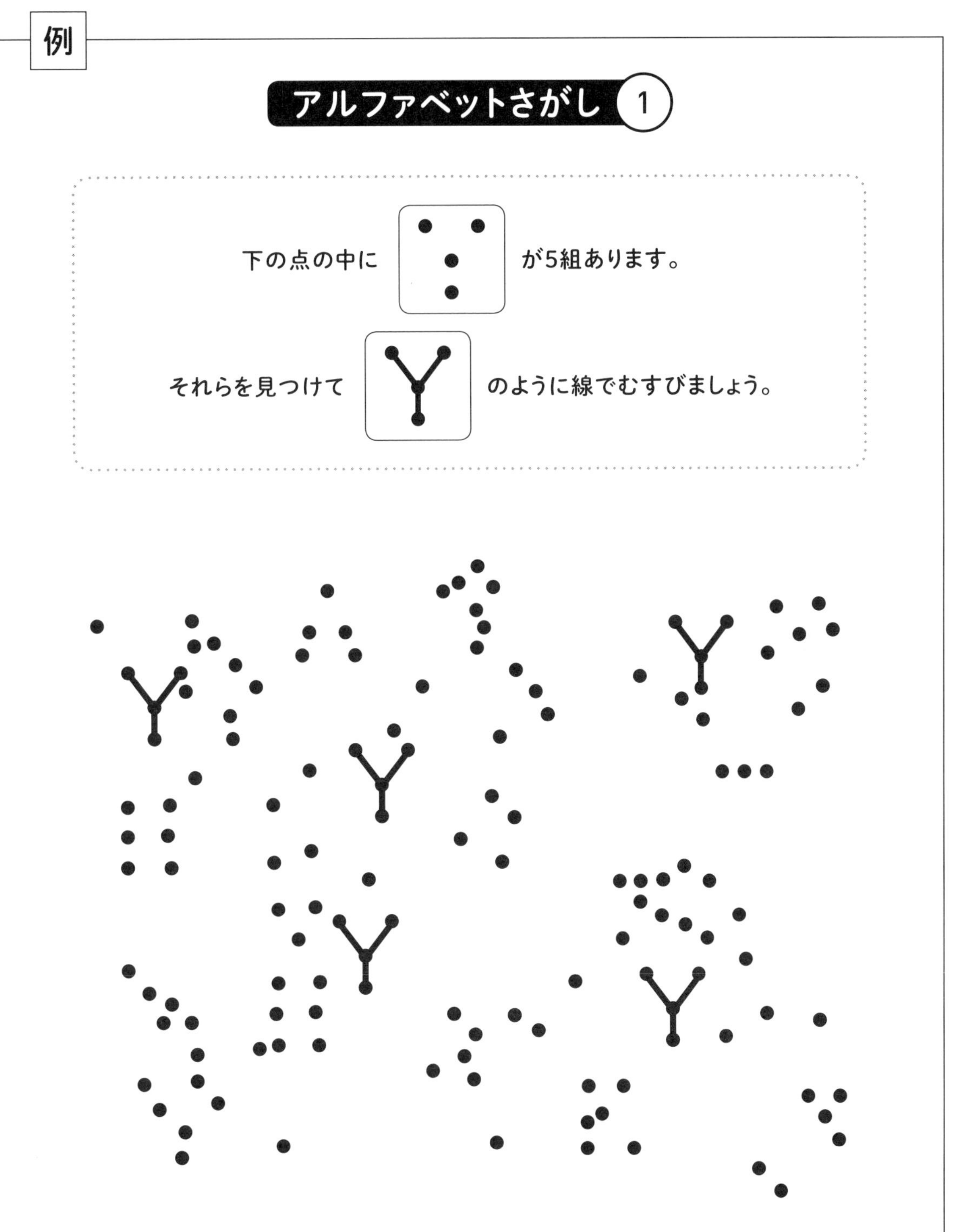

例
アルファベットさがし 1
下の点の中に
が5組あります。
それらを見つけて
のように線でむすびましょう。

年　　組

アルファベットさがし ①

下の点の中に 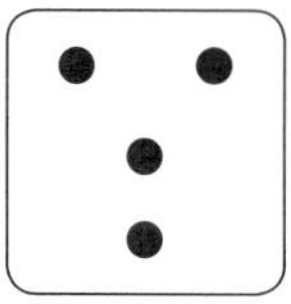　が5組あります。

それらを見つけて 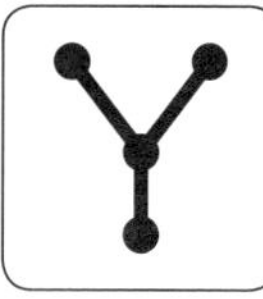 のように線でむすびましょう。

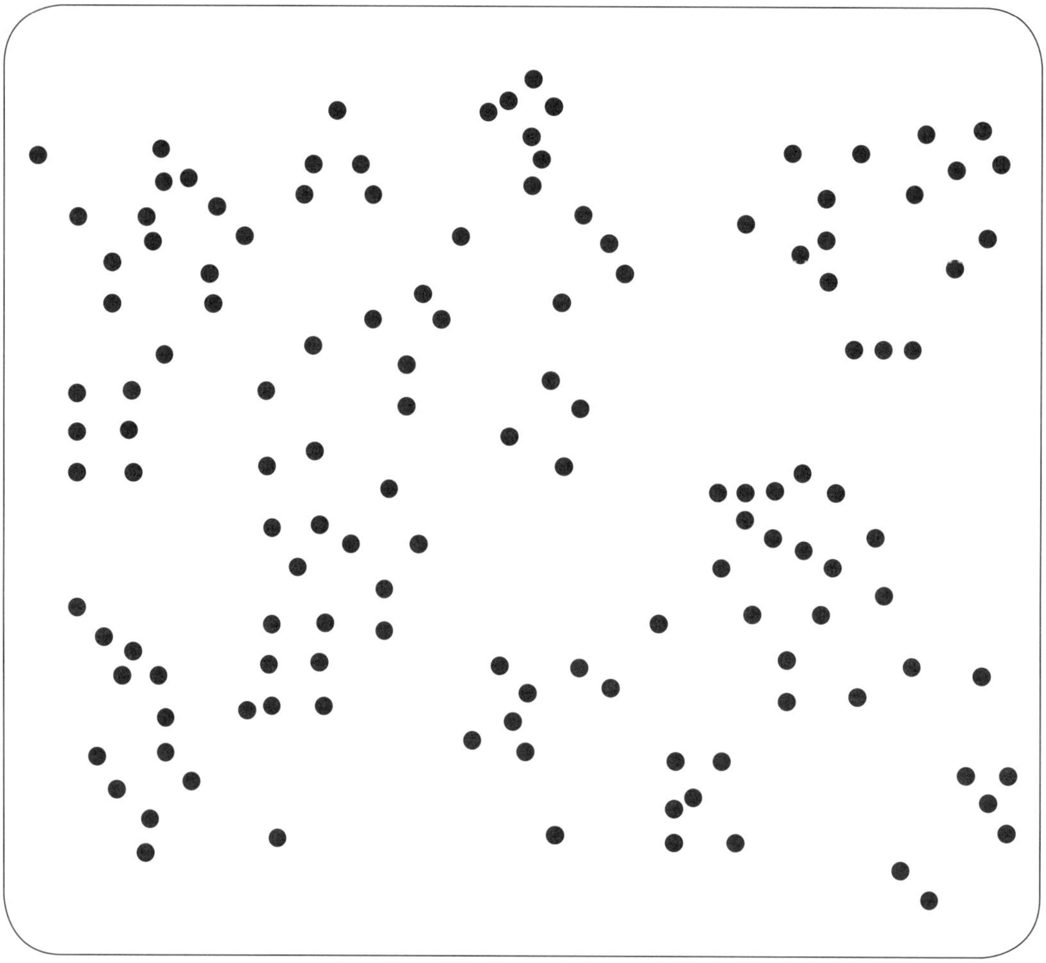

年　　組

アルファベットさがし ②

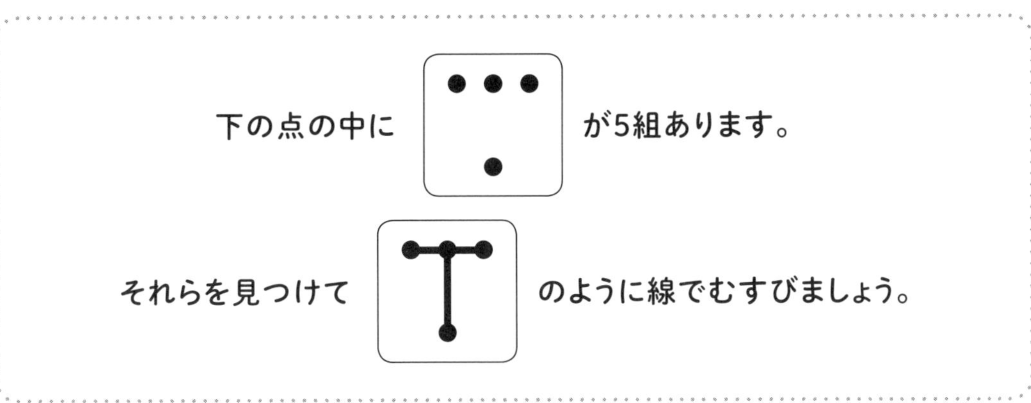
下の点の中に
が5組あります。
それらを見つけて
のように線でむすびましょう。

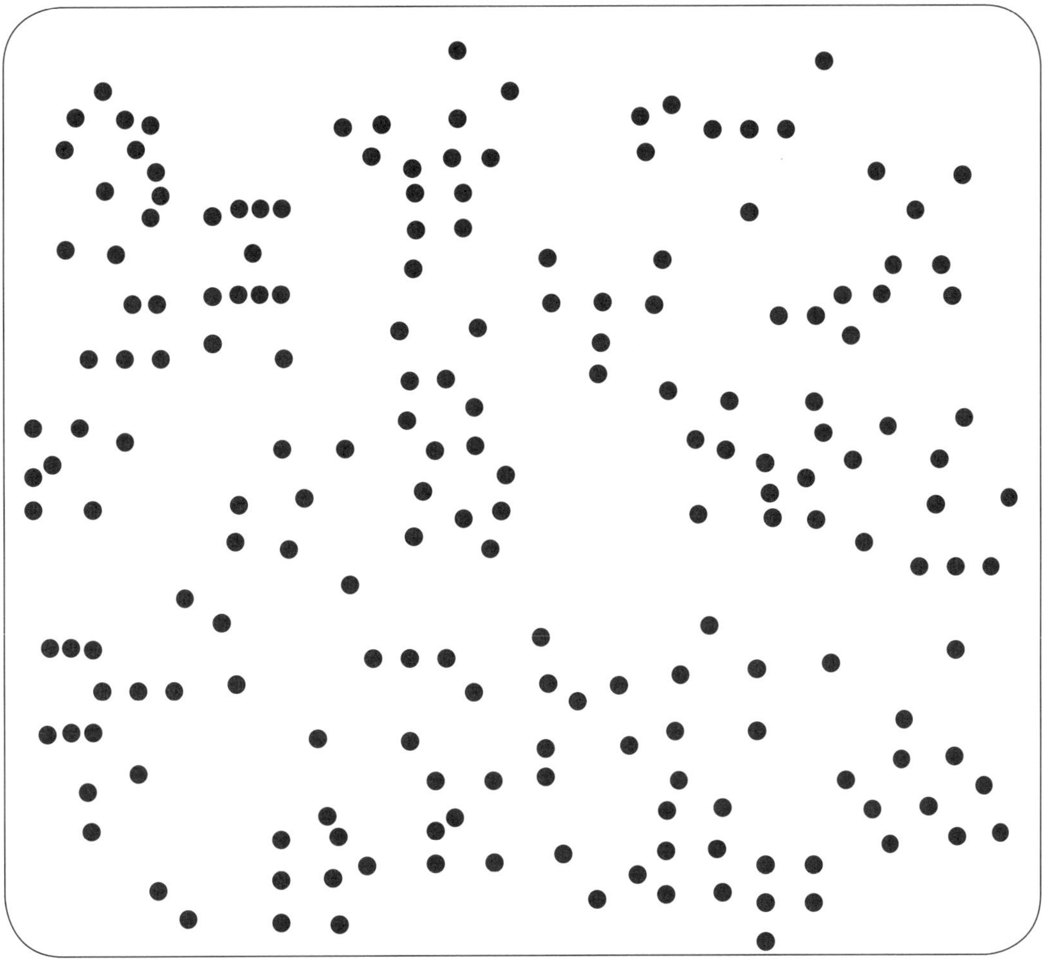

年　　組

アルファベットさがし ③

下の点の中に ● ● / ● ● / ● ● が5組あります。

それらを見つけて E のように線でむすびましょう。

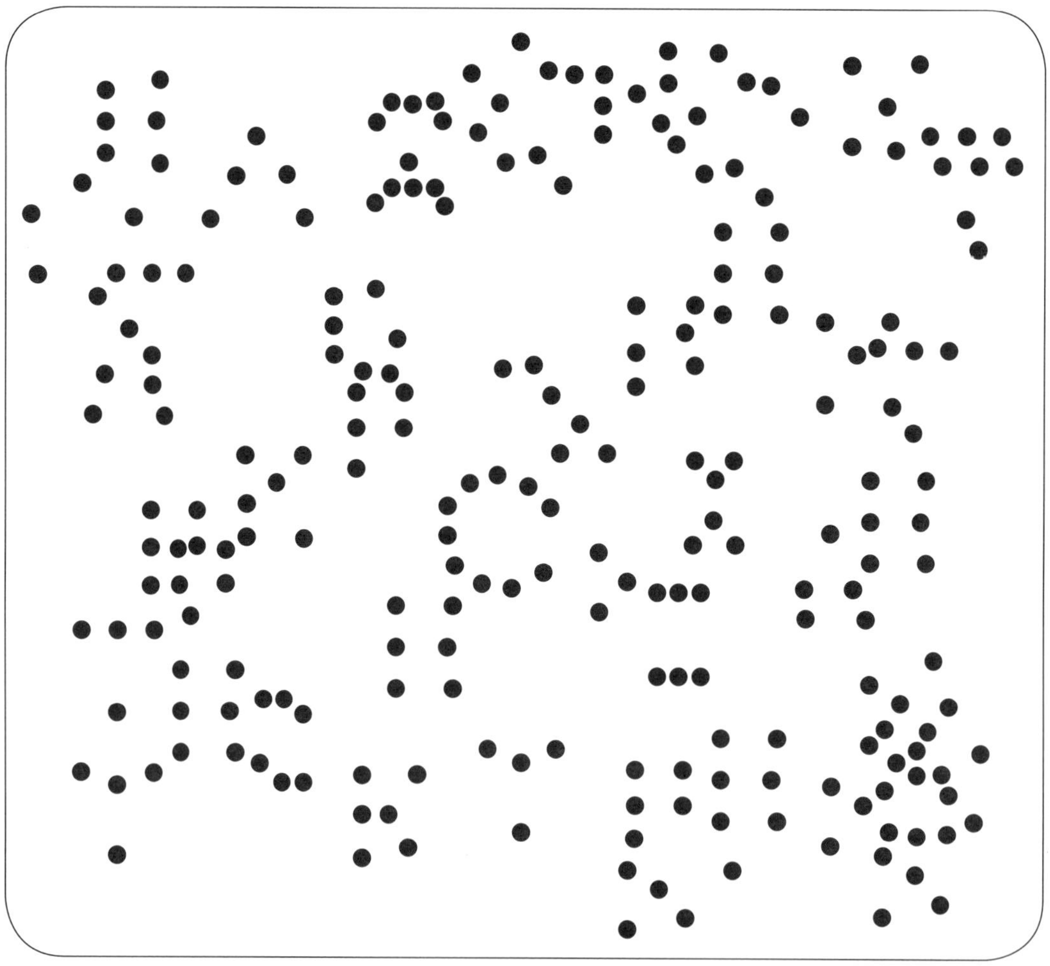

年　　組

アルファベットさがし ④

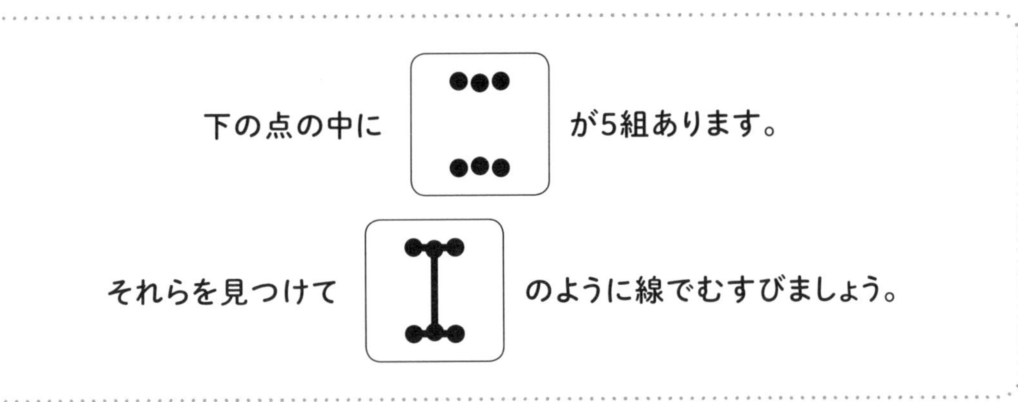
下の点の中に
が5組あります。
それらを見つけて
のようにせんでむすびましょう。

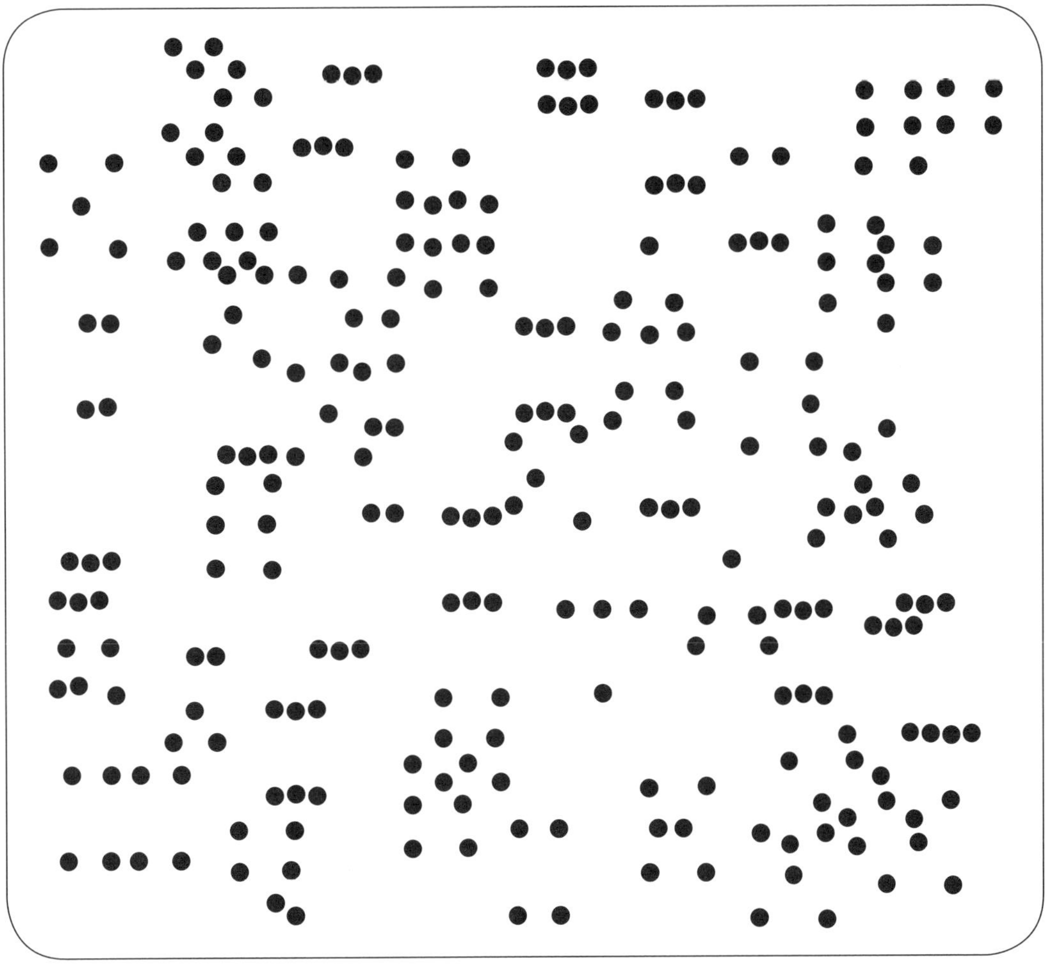

アルファベットさがし 5

下の点の中に 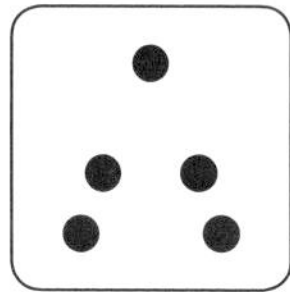 が10組あります。

それらを見つけて  のように線でむすびましょう。

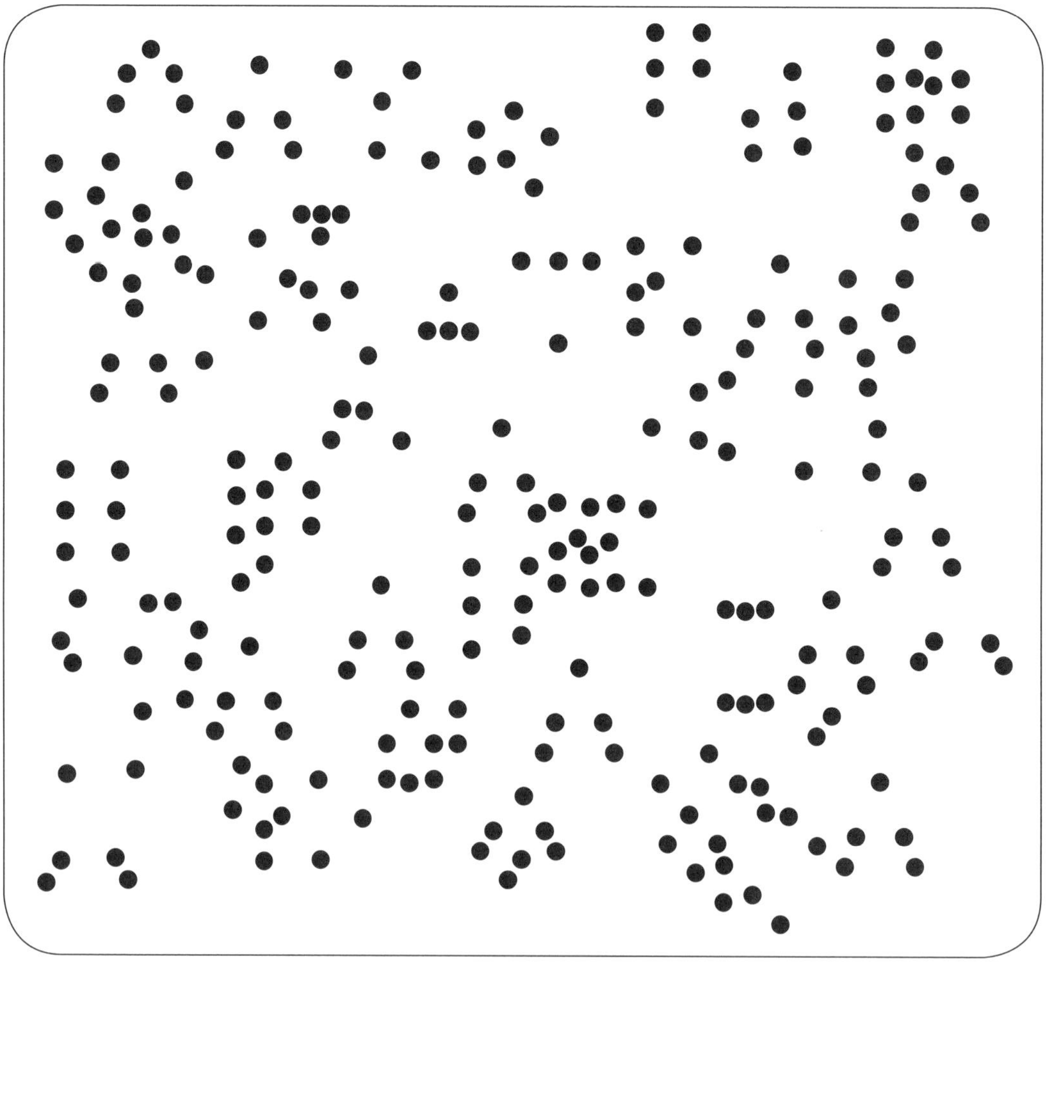

年　　　組

アルファベットさがし ⑥

下の点の中に 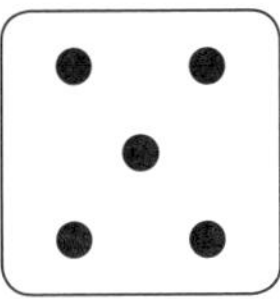 が10組あります。

それらを見つけて  のように線でむすびましょう。

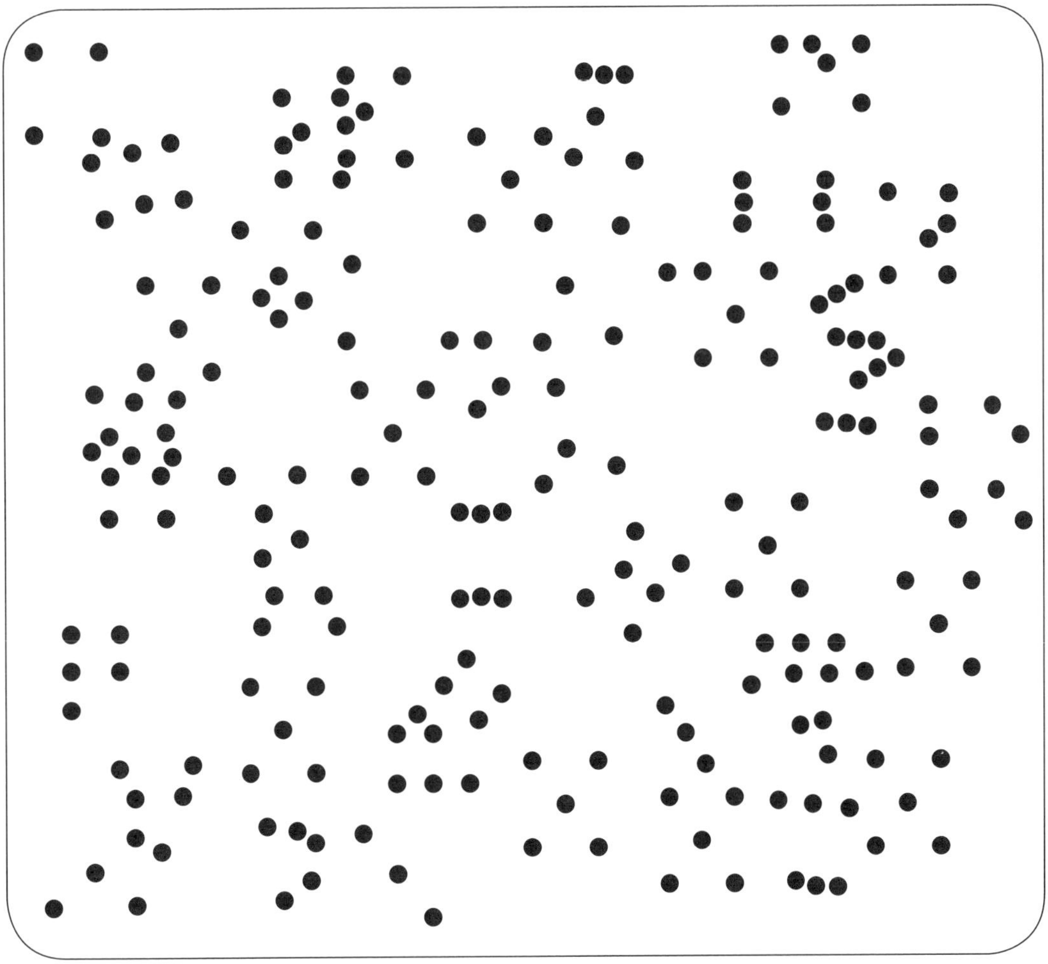

アルファベットさがし ⑦

下の点の中に 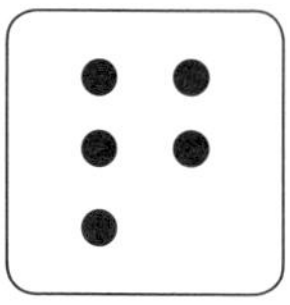　　が10組あります。

それらを見つけて  のように線でむすびましょう。

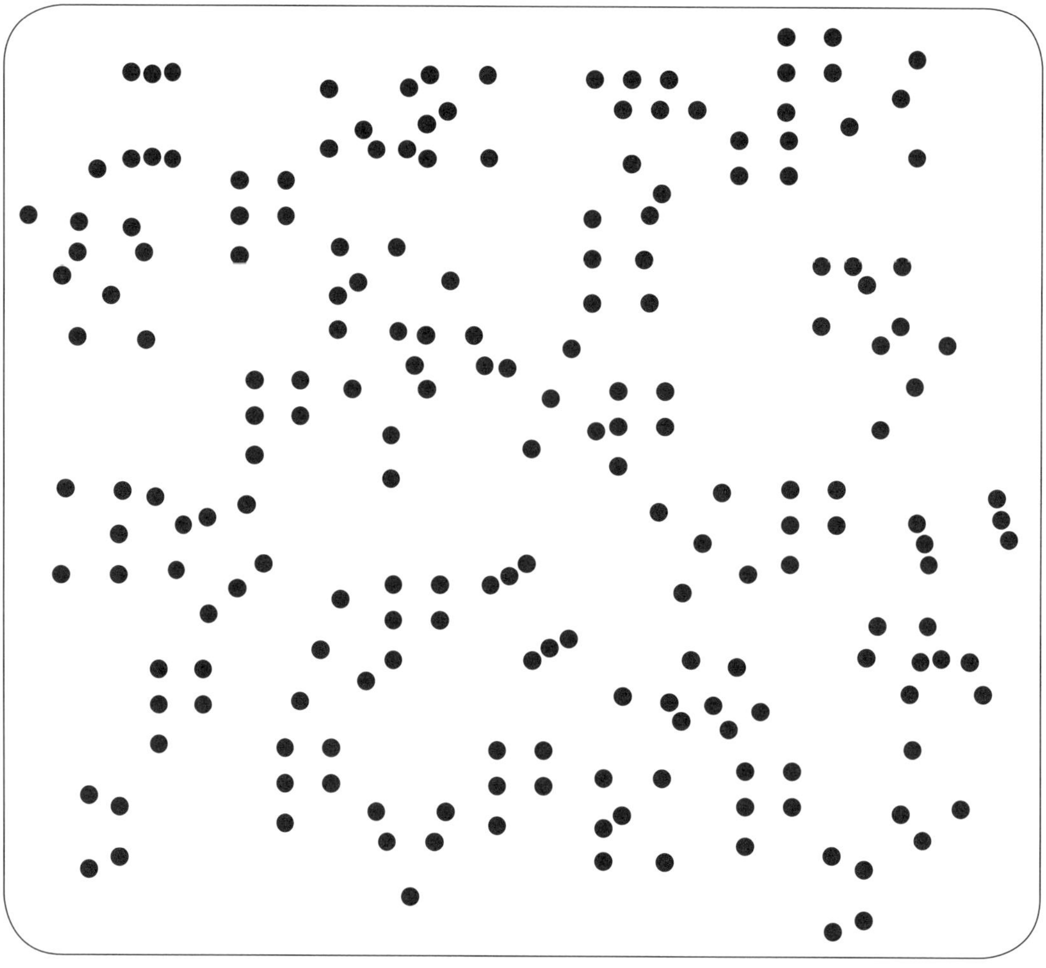

アルファベットさがし ⑧

下の点の中に  が10組あります。

それらを見つけて  のように線でむすびましょう。

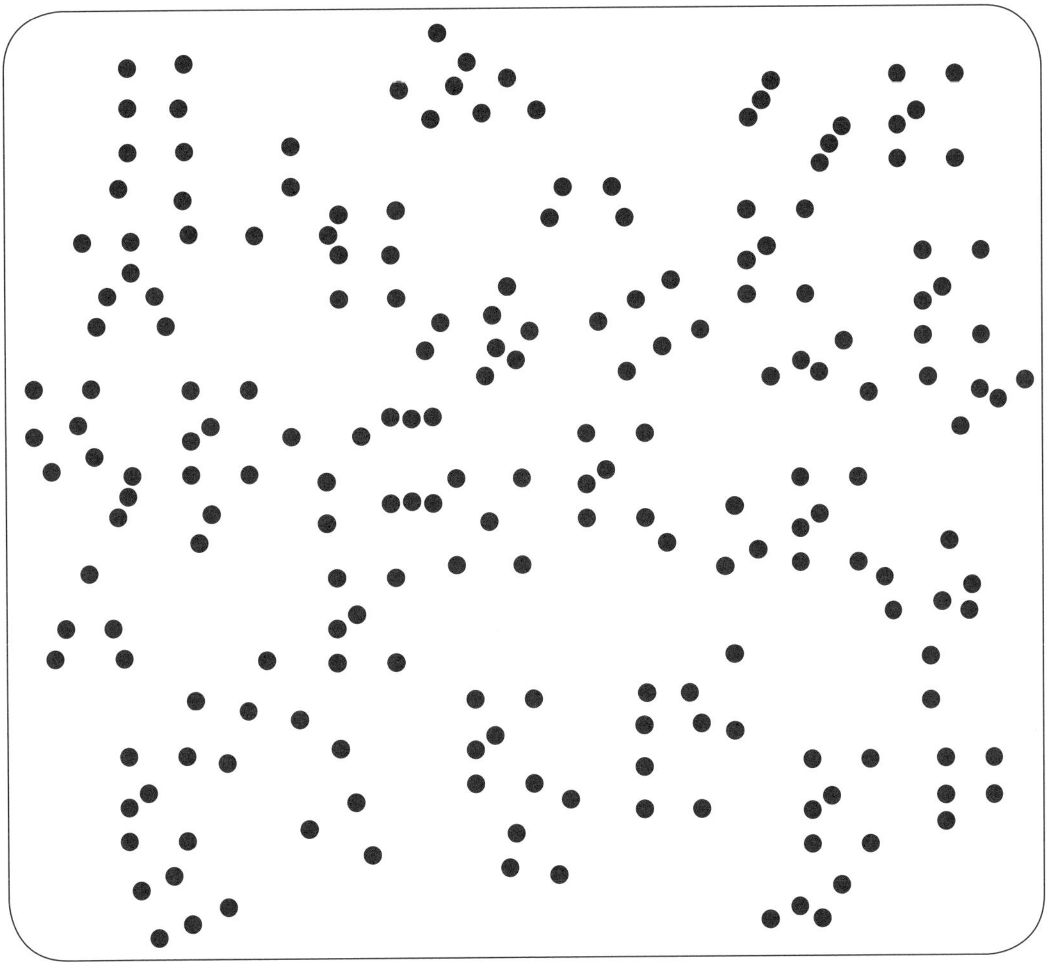

❹ 見つける

ちがいはどこ？

★子どもにつけて欲しい力

2 枚の絵の違いを考えることで、視覚情報の共通点や相違点を把握する力や観察力を養います。

★進め方

上下の絵で違うところを 3 つ見つけ、下の絵に〇で囲みます。

★ポイント

・違いは英単語だけではありませんが、まずは上下で英単語が同じかを確認してもらいましょう。
・形の違いだけでなく位置関係の違いなどにも注意してもらいましょう。

★留意点

・この課題が難しければ、次の“同じ絵はどれ？”はより難しくなりますので、この課題が確実にできるまで練習しましょう。
・時間内にできない子どもがいても終わりの会までに見つけるなど、能力に応じて答えを伝えるよう配慮してあげましょう。

取り組み時間 5 分 ／ 回数 8 回分

例

ちがいはどこ？ 1

上と下の絵で、ちがうところが3つあります。
ちがう場しょを見つけたら、下の絵を○でかこみましょう。
ただしちがいはえいたん語だけではありません。

年　　　組

ちがいはどこ？ 1

上と下の絵で、ちがうところが3つあります。
ちがう場しょを見つけたら、下の絵を○でかこみましょう。
ただしちがいはえいたん語だけではありません。

年　　組

ちがいはどこ？ ②

上と下の絵で、ちがうところが3つあります。
ちがう場しょを見つけたら、下の絵を○でかこみましょう。
ただしちがいはえいたん語だけではありません。

ちがいはどこ? 3

上と下の絵で、ちがうところが3つあります。
ちがう場しょを見つけたら、下の絵を○でかこみましょう。
ただしちがいはえいたん語だけではありません。

年　　組

ちがいはどこ？ 4

上と下の絵で、ちがうところが3つあります。
ちがう場しょを見つけたら、下の絵を○でかこみましょう。
ただしちがいはえいたん語だけではありません。

ちがいはどこ？ 5

上と下の絵で、ちがうところが3つあります。
ちがう場しょを見つけたら、下の絵を○でかこみましょう。
ただしちがいはえいたん語だけではありません。

ちがいはどこ？ 6

上と下の絵で、ちがうところが3つあります。
ちがう場しょを見つけたら、下の絵を○でかこみましょう。
ただしちがいはえいたん語だけではありません。

ちがいはどこ？ 7

上と下の絵で、ちがうところが3つあります。
ちがう場しょを見つけたら、下の絵を○でかこみましょう。
ただしちがいはえいたん語だけではありません。

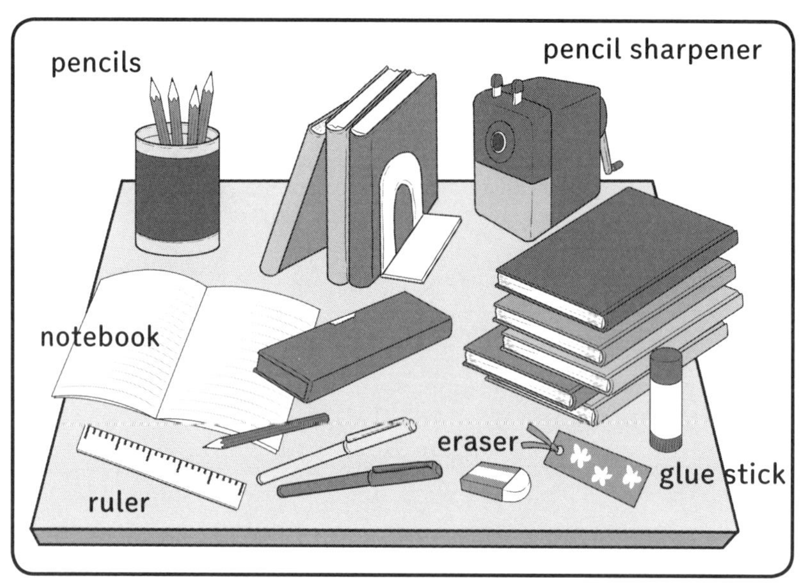

年　　組

ちがいはどこ？ 8

上と下の絵で、ちがうところが3つあります。
ちがう場しょを見つけたら、下の絵を○でかこみましょう。
ただしちがいはえいたん語だけではありません。

④ 見つける

同じ絵はどれ？

★子どもにつけて欲しい力

複数の絵の中から２枚の同じ絵を見つけ出すことで、視覚情報の共通点や相違点を把握する力や観察力を養います。

★進め方

複数の絵の中にまったく同じ絵が２枚あります。その２枚を見つけ、(　　　)に番号を書いてもらいます。

★ポイント

・違いは英単語だけではないので絵全体を見てみましょう。
・ある２枚の絵を比べ、その中で一つの違いを見つけると、少なくともどちらかの絵が間違っていることになります。さらに、それぞれの２枚が他の絵と違いはないかという具合に順に比べていくといいでしょう。
・他の絵との違いを○で囲んでいくと、候補を減らすことができ、より容易になります。
・明らかに違う絵（例えば右の例ですと、④と⑥の「love」の英単語とボール）を見つけ、×をつけて、見つける対象となる絵をいかに減らしていくかがポイントです。

★留意点

・最初から２枚をやみくもに見つけようとすると、混乱して時間もかかります。
効率よく探すにはどうすればいいか、方略を考えさせるといいでしょう。
・時間内にできない子どもがいても終わりの会までに見つけるなど、能力に応じて答えを伝えるよう配慮してあげましょう。

取り組み時間 ❺ 分 ／ 回数 ❽ 回分

例

同じ絵はどれ？ ①

下の8まいの絵の中から、同じ絵を2まいえらびましょう。
ちがいはえい語だけではありません。

〔 ②と⑤ 〕

同じ絵はどれ？ 1

下の8まいの絵の中から、同じ絵を2まいえらびましょう。
ちがいはえい語だけではありません。

〔　　　　　〕

同じ絵はどれ？ ②

下の8まいの絵の中から、同じ絵を2まいえらびましょう。
ちがいはえい語だけではありません。

① My favorite five

② My favorite fruit

③ My favorite fruits

④

⑤ My favorite fruits

⑥

⑦

⑧

［　　　　　　　　］

同じ絵はどれ？ 3

下の8まいの絵の中から、同じ絵を2まいえらびましょう。
ちがいはえい語だけではありません。

[　　　　　　]

同じ絵はどれ？ 4

下の8まいの絵の中から、同じ絵を2まいえらびましょう。
ちがいはえい語だけではありません。

①
How are you?

②
How are you?

③
How are they?

④
How are you?

⑤
How are you?

⑥
How are you?

⑦
How are you?

⑧
How are they?

[　　　　　　]

年　　組

同じ絵はどれ？ 5

下の8まいの絵の中から、同じ絵を2まいえらびましょう。
ちがいはえい語だけではありません。

〔　　　　　〕

同じ絵はどれ？ ⑥

下の8まいの絵の中から、同じ絵を2まいえらびましょう。
ちがいはえい語だけではありません。

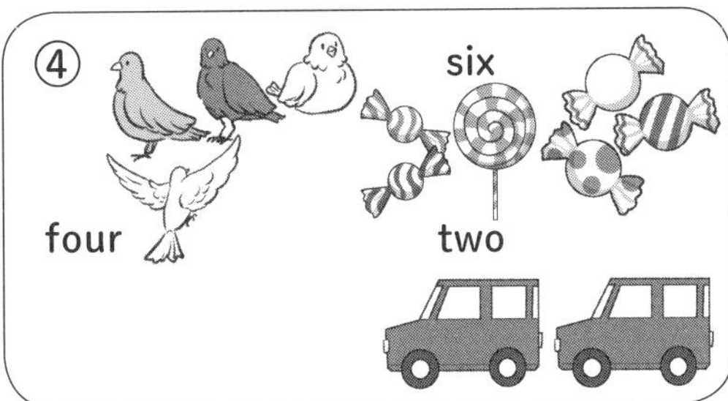

〔　　　　　〕

年　　組

同じ絵はどれ？ ⑦

下の8まいの絵の中から、同じ絵を2まいえらびましょう。
ちがいはえい語だけではありません。

[　　　　　]

年　　組

同じ絵はどれ？ 8

下の8まいの絵の中から、同じ絵を2まいえらびましょう。
ちがいはえい語だけではありません。

①

This is my day.

②

This is your day.

③

This is my day.

④

This is my day.

⑤

This is your day.

⑥

This is my day.

⑦

This is my day.

⑧

This is my day.

〔　　　　　　〕

❹ 見つける

回転英単語

★子どもにつけて欲しい力

形を心の中で回転させ、正しい組み合わせを見つけていくことで図形の方向弁別や方向の類同視の力を養っていきます。

★進め方

左右にバラバラに並べられた英単語の部品を線でつないで正しい英単語を作り、下の枠の中に書きます。

★ポイント

・先に易しい組み合わせを見つけて、使ったものに×をつけて消していくと組み合わせが減りますのでより簡単に見つけやすくなります。
（①～④では１組見つけると残りの組み合わせは２通り、⑤～⑧では６通りになります）

★留意点

・この課題が難しく感じるようであれば、支援者が部品だけ正しい方向に回転させて横に書いてあげ、正しい組み合わせを選んでもらってもいいでしょう。
・英単語を習っていない場合は、最初から枠の中に正しい英単語を書いておき、それらの英単語を作るための正しい組み合わせを選んで線でつなぐところから始めてもいいでしょう。
・それでも難しければもっとやさしい課題から取り組ませましょう。
（「コグトレ　みる・きく・想像するための認知機能強化トレーニング」回転パズル①（三輪書店）など）。

取り組み時間 ❺ 分 ／ 回数 ❽ 回分

例

回てんえいたん語 ①

左右を線でつなげると一つのえいたん語ができます。
できたえいたん語を下に書きましょう。

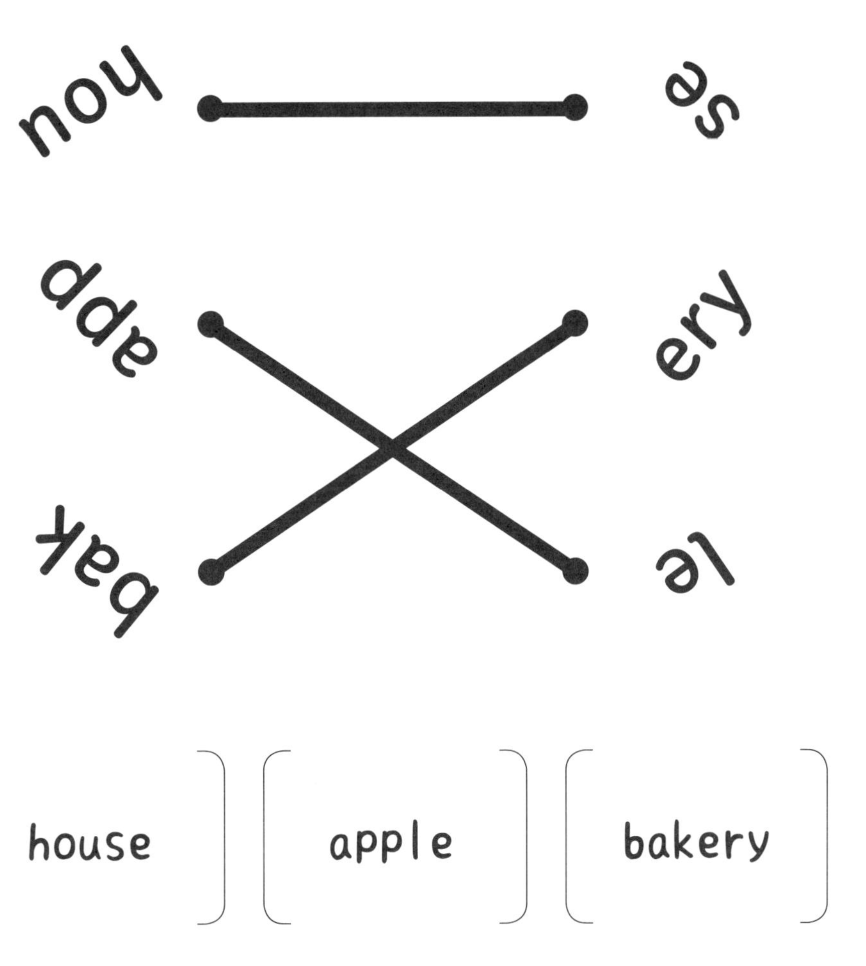

（ house ）（ apple ）（ bakery ）

年　　組

回てんえいたん語 1

左右を線でつなげると一つのえいたん語ができます。
できたえいたん語を下に書きましょう。

hou ●	● se
app ●	● ery
bak ●	● le

〔　　　〕〔　　　〕〔　　　〕

年　　組

回てんえいたん語 2

左右を線でつなげると一つのえいたん語ができます。
できたえいたん語を下に書きましょう。

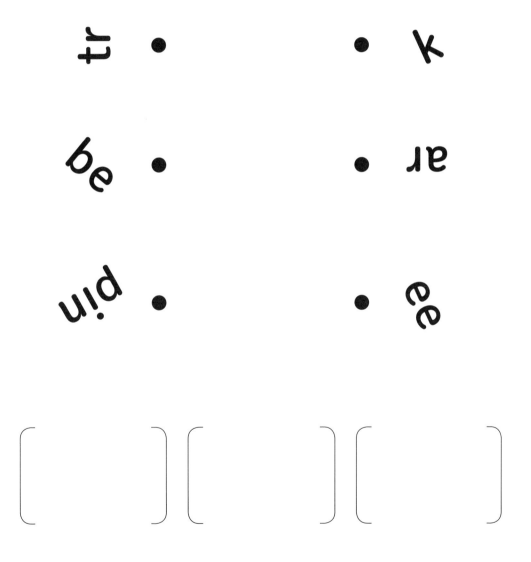

tr ●	● k
be ●	● ar
pin ●	● ee

〔　　　〕〔　　　〕〔　　　〕

年　　　組

回てんえいたん語 3

左右を線でつなげると一つのえいたん語ができます。
できたえいたん語を下に書きましょう。

pa ●	● ry
sca ●	● iny
ra ●	● nts

[　　　　] [　　　　] [　　　　]

年　　組

回てんえいたん語 4

左右を線でつなげると一つのえいたん語ができます。
できたえいたん語を下に書きましょう。

ha	●	●	ay
aw	●	●	ve
pla	●	●	ce

[　　　　] [　　　　] [　　　　]

回てんえいたん語 5

左右を線でつなげると一つのえいたん語ができます。
できたえいたん語を下に書きましょう。

da ●	● ven
f ●	● ace
gre ●	● y
ele ●	● en

（　　　　　　）（　　　　　　）

（　　　　　　）（　　　　　　）

年　　組

回てんえいたん語 ⑥

左右を線でつなげると一つのえいたん語ができます。
できたえいたん語を下に書きましょう。

hel ●	● enty
tw ●	● lo
tom ●	● nda
pa ●	● ato

年　　組

回てんえいたん語 ⑦

左右を線でつなげると一つのえいたん語ができます。
できたえいたん語を下に書きましょう。

car ●　　● ish

to ●　　● her

fin ●　　● rot

weat ●　　● es

年　　組

回てんえいたん語 ⑧

左右を線でつなげると一つのえいたん語ができます。

できたえいたん語を下に書きましょう。

th ・　　・ ny

sun ・　　・ ds

ja ・　　・ cket

car ・　　・ ink

（　　　　）（　　　　）

（　　　　）（　　　　）

5 想像する

❺ 想像する

スタンプ英単語

★子どもにつけて欲しい力

スタンプを押すとどうなるかを考えることで鏡像をイメージする力や論理性を養います。

★進め方

上のスタンプを押すと、下のうちどれになるかを想像して（　　）に正しい番号を書きます。

★ポイント

- スタンプは元の図の鏡像になりますので、分からなければ上のスタンプの横に実際に鏡を置いて確認させましょう。
- 下の選択肢の中から明らかに違うと思われる英単語に×をつけて消していくと考えやすくなります。

★留意点

- スタンプから直接、何の英単語かが分かれば鏡像をイメージしなくても正しい答えを選べますが、複雑になってくると難しくなりますのでできるだけ形から考えるよう促しましょう。
- まだスタンプの英単語を習っていなければ難しく感じるかもしれません。
  もしこの課題が難しようであれば、もっとやさしい課題から取り組ませましょう。
  (「やさしいコグトレ」スタンプ（三輪書店）など)。

取り組み時間 5 分 ／ 回数 8 回分

例

スタンプえいたん語 1

上のスタンプを紙におすと出てくるえいたん語はどれでしょうか。
下からえらんで（　　）にばんごうを書きましょう。

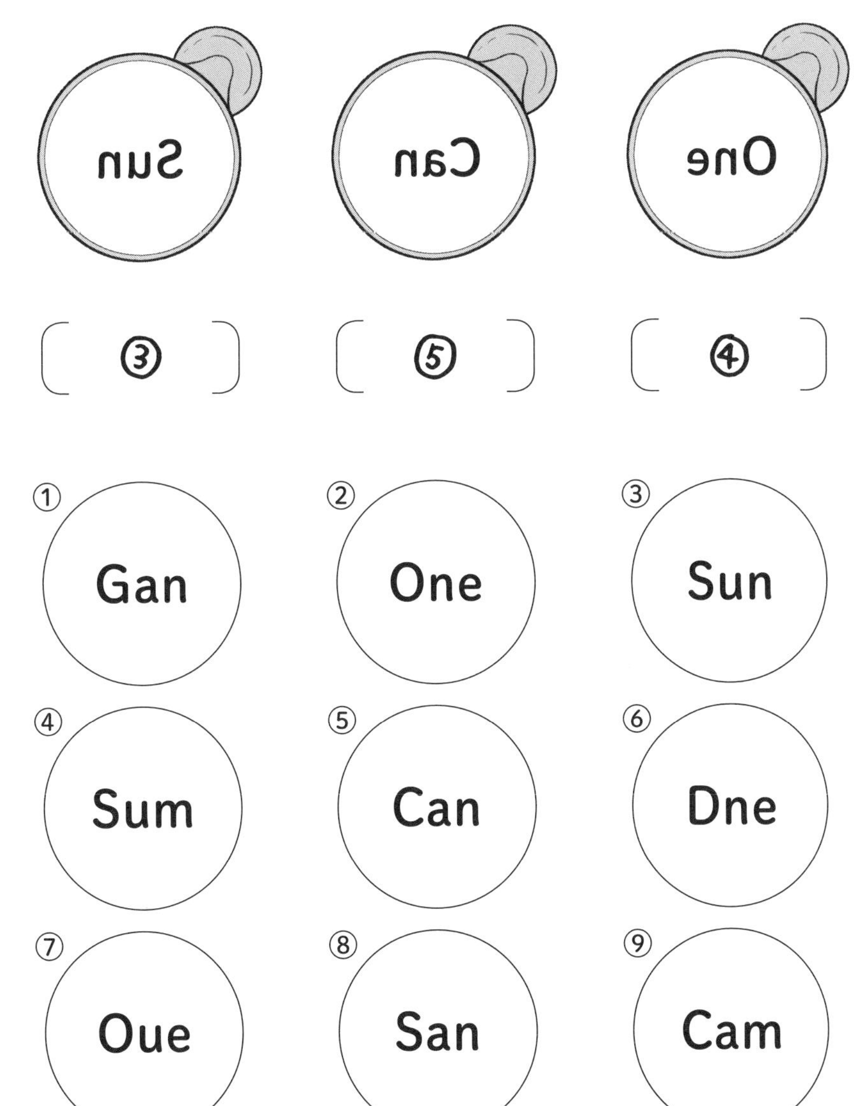

年　　　組

スタンプえいたん語 1

上のスタンプを紙におすと出てくるえいたん語はどれでしょうか。
下からえらんで（　　）にばんごうを書きましょう。

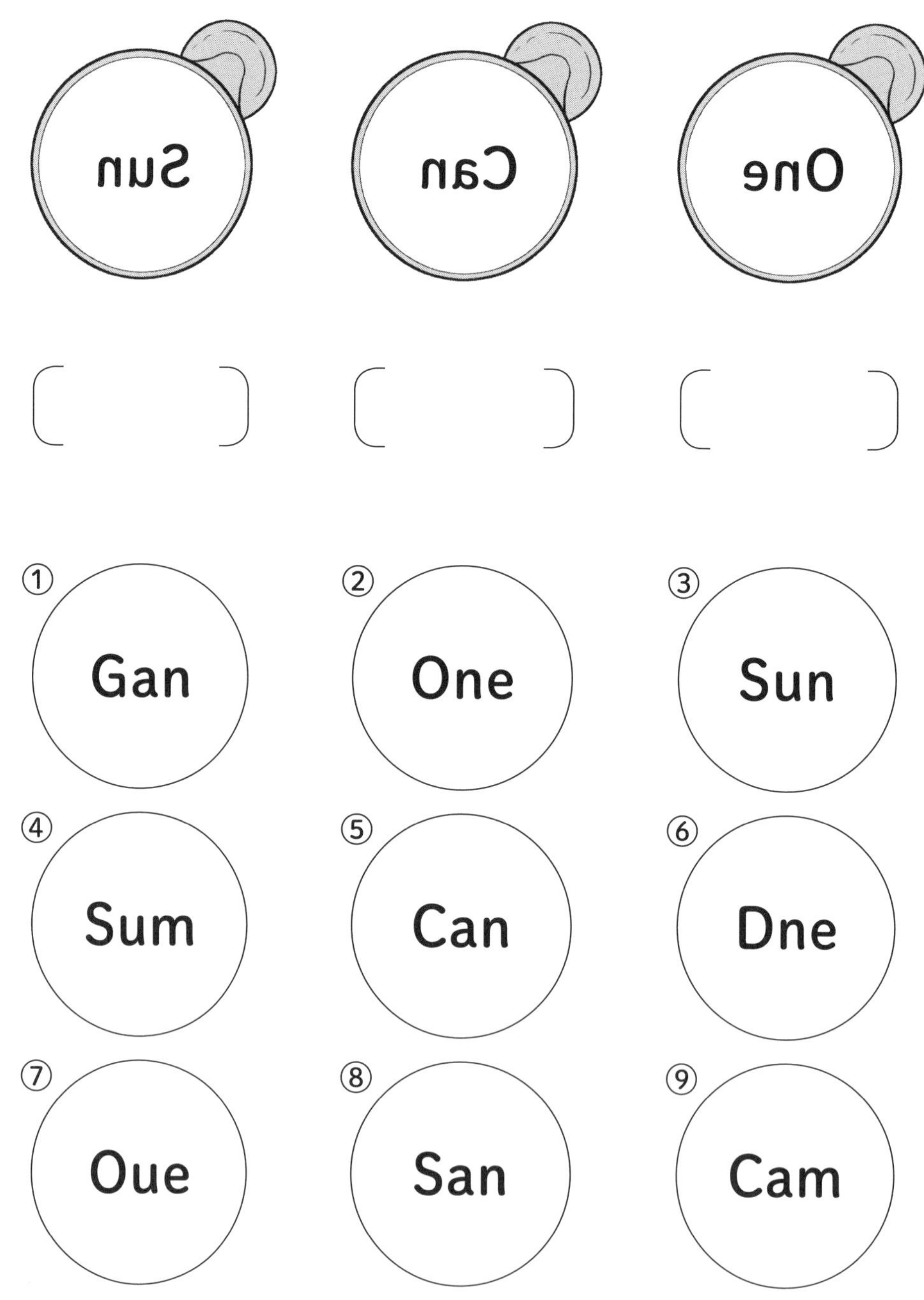

年　　　組

スタンプえいたん語 ②

上のスタンプを紙におすと出てくるえいたん語はどれでしょうか。
下からえらんで（　　）にばんごうを書きましょう。

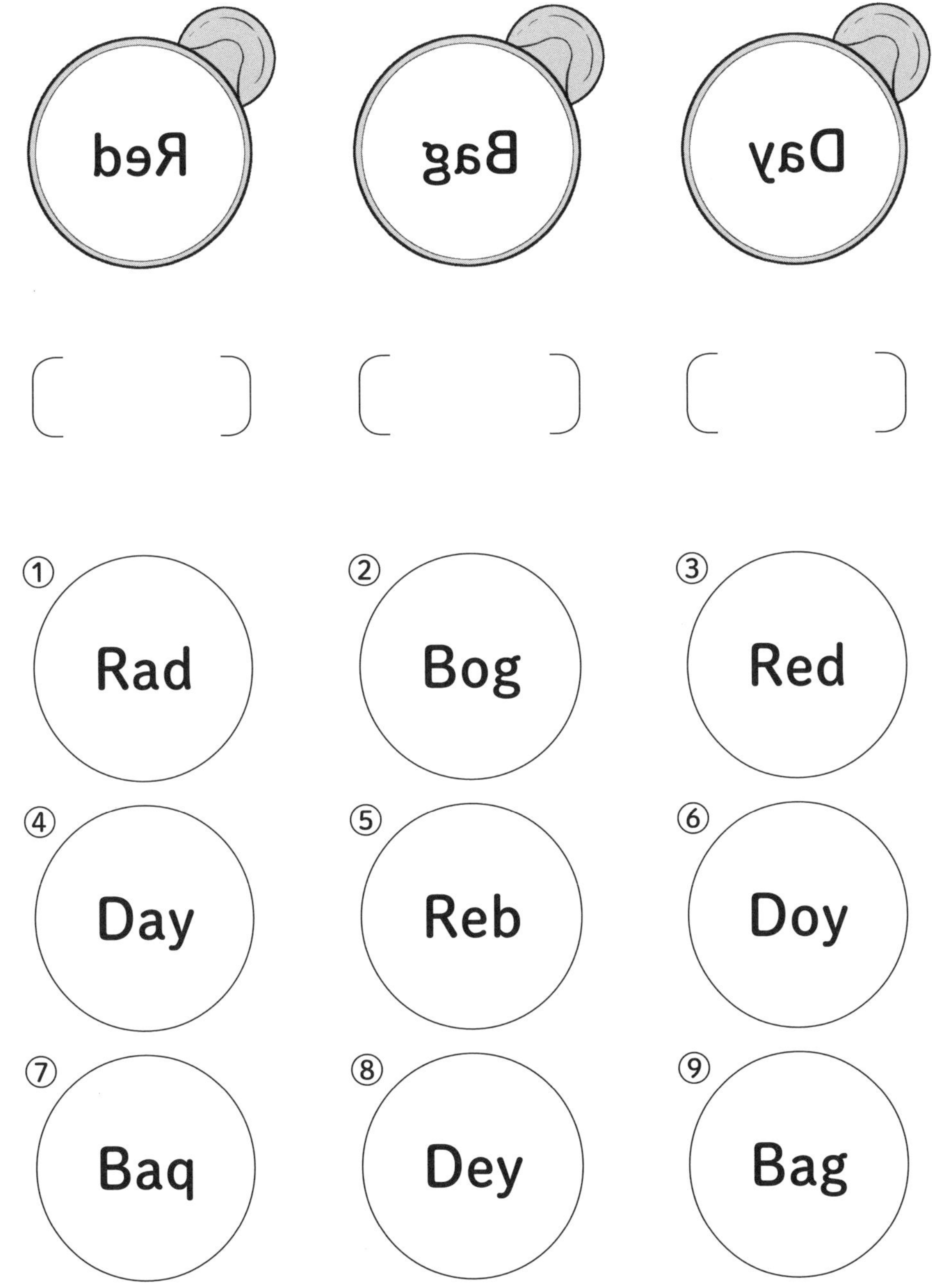

年　　組

スタンプえいたん語 3

上のスタンプを紙におすと出てくるえいたん語はどれでしょうか。
下からえらんで（　　）にばんごうを書きましょう。

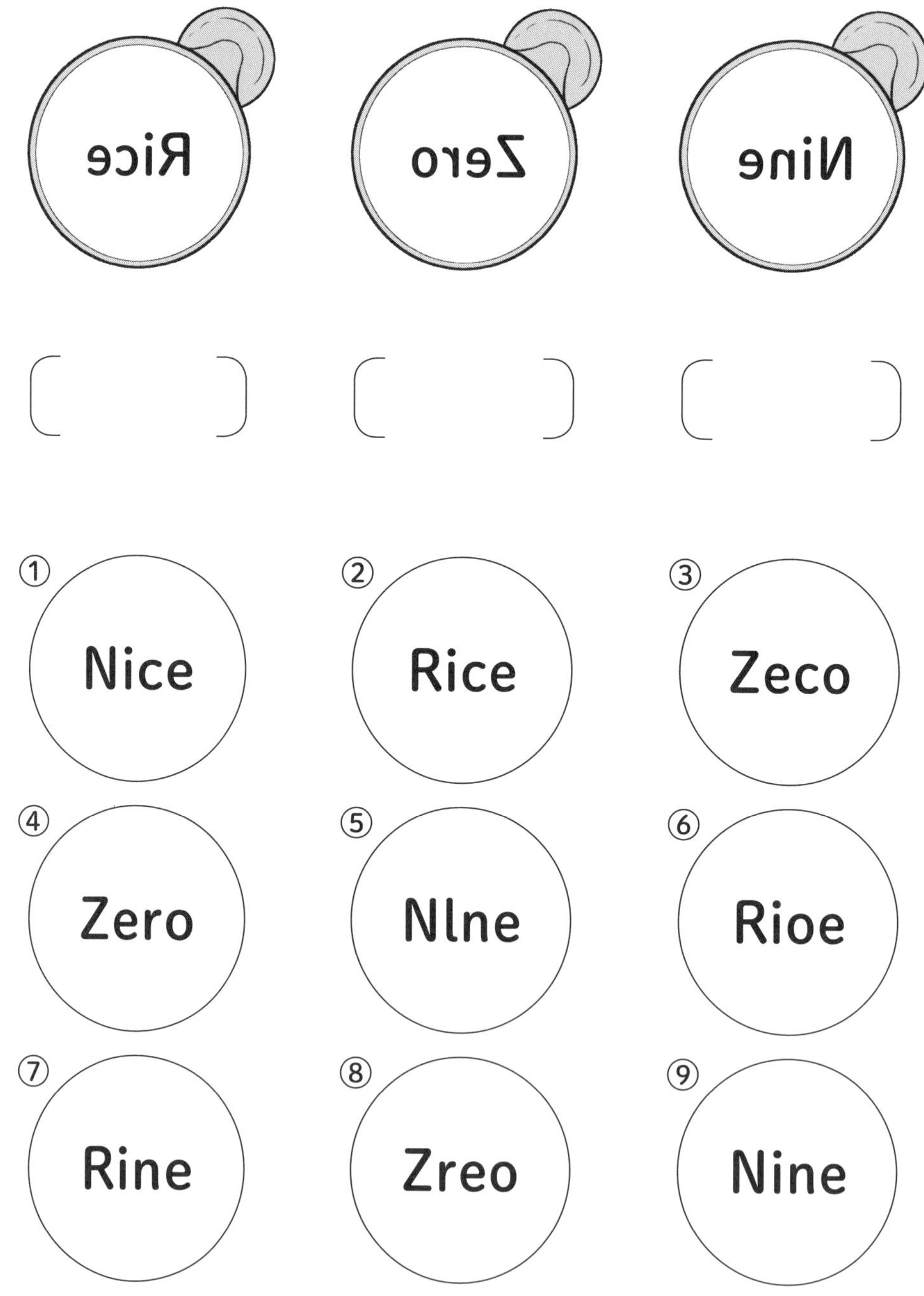

スタンプえいたん語 ④

上のスタンプを紙におすと出てくるえいたん語はどれでしょうか。
下からえらんで（　　）にばんごうを書きましょう。

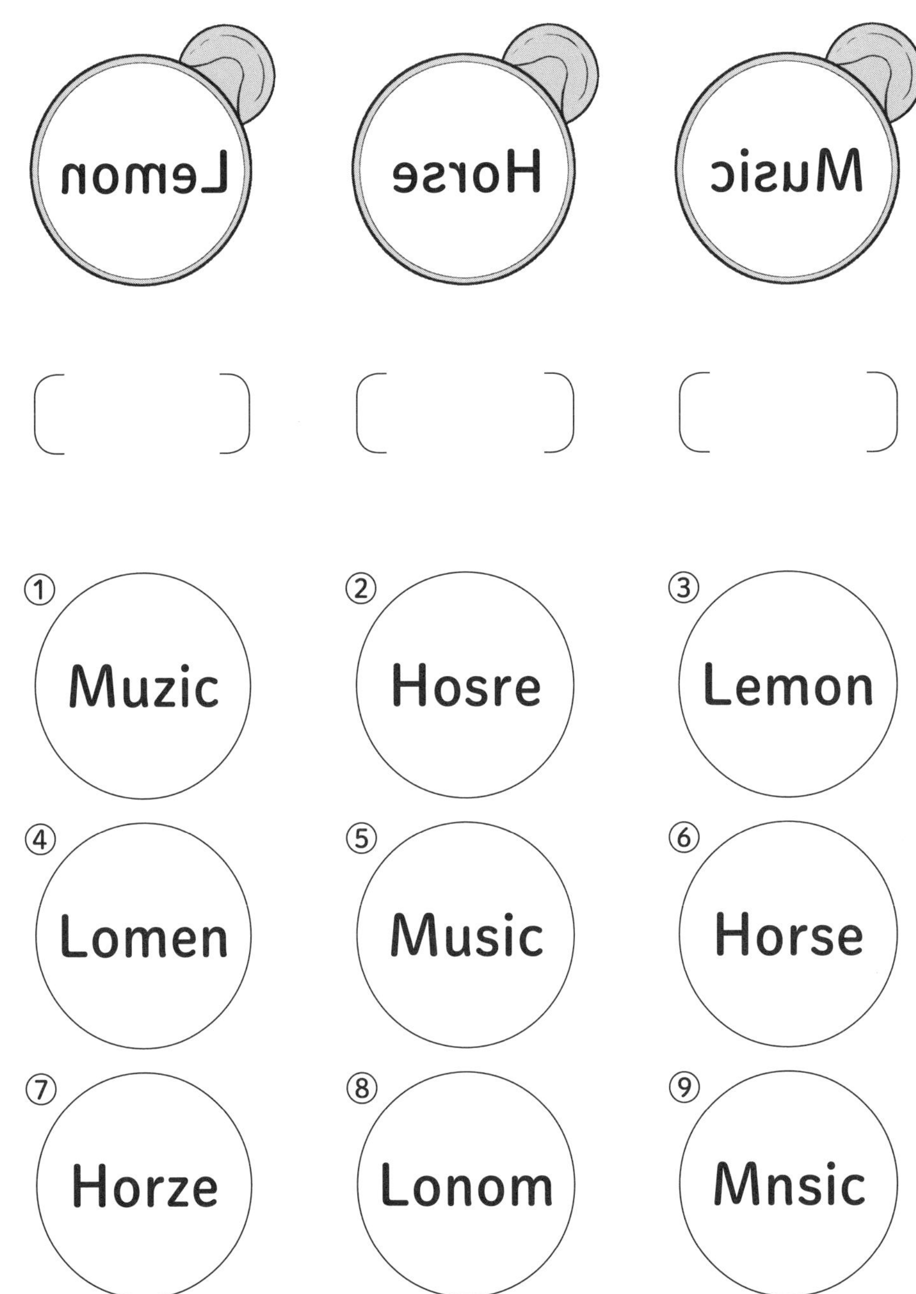

年　　組

スタンプえいたん語 ⑤

上のスタンプを紙におすと出てくるえいたん語はどれでしょうか。
下からえらんで（　　）にばんごうを書きましょう。

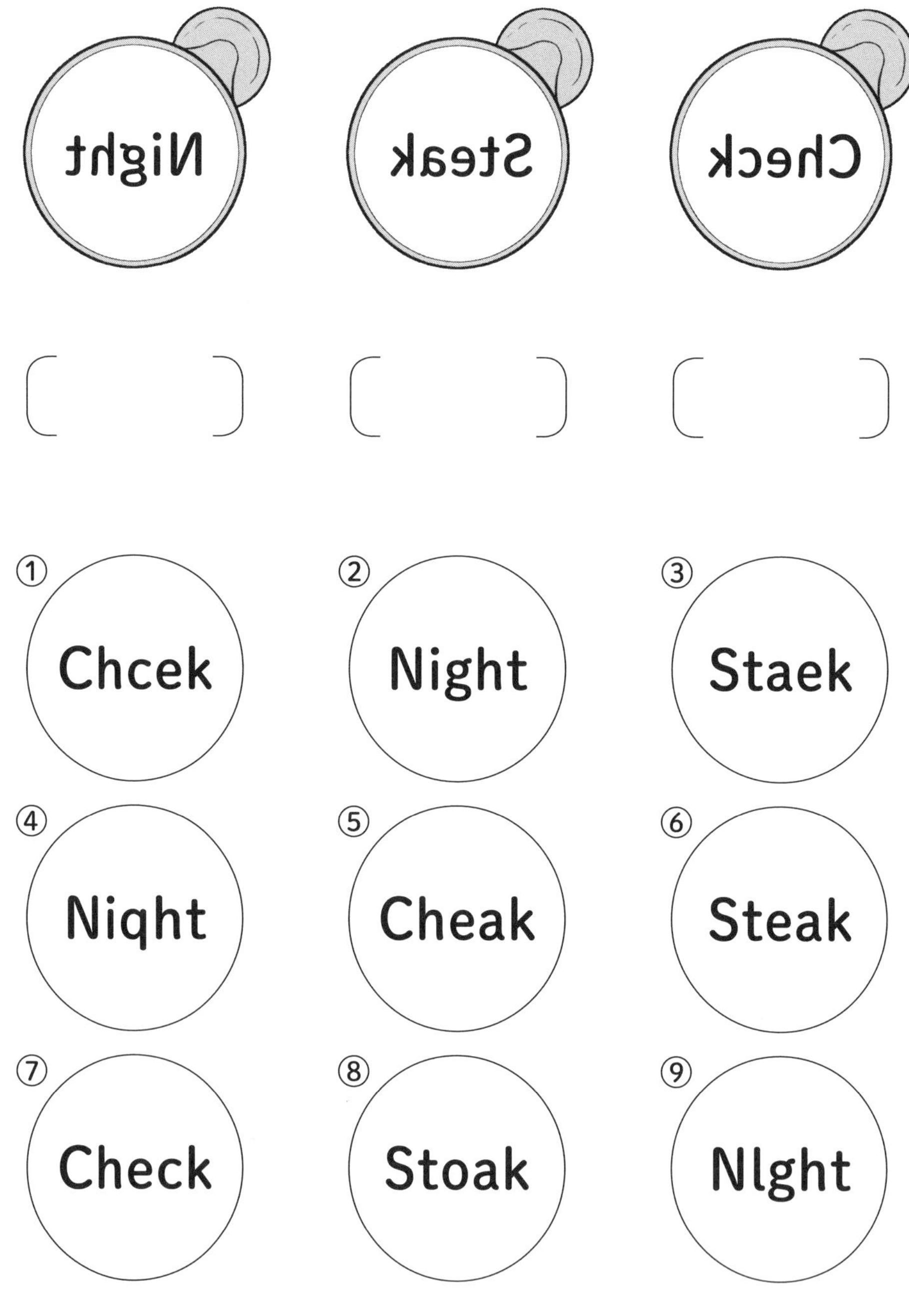

年　　　組

スタンプえいたん語 ⑥

上のスタンプを紙におすと出てくるえいたん語はどれでしょうか。
下からえらんで（　　）にばんごうを書きましょう。

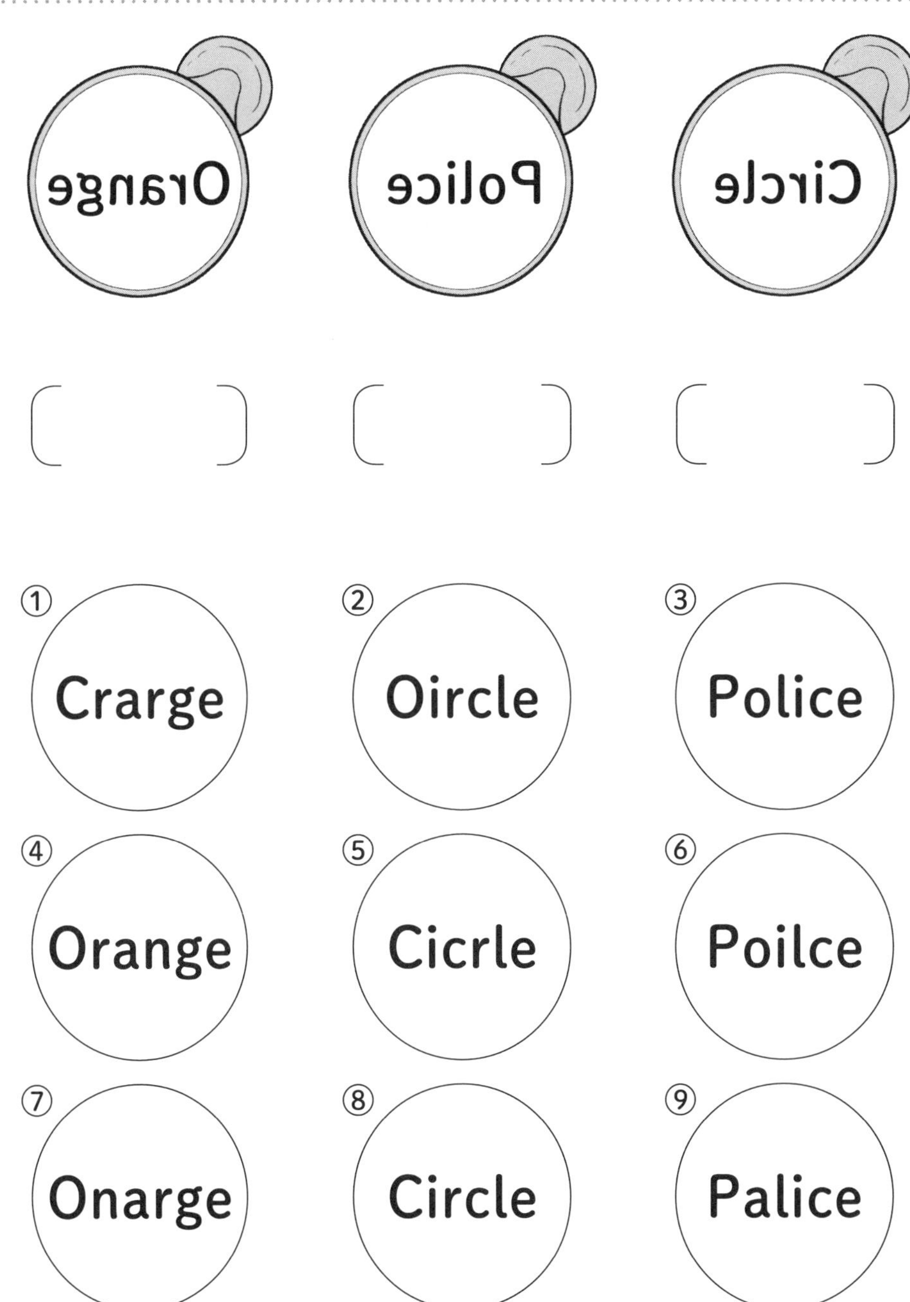

年　　　組

スタンプえいたん語 7

上のスタンプを紙におすと出てくるえいたん語はどれでしょうか。
下からえらんで（　　）にばんごうを書きましょう。

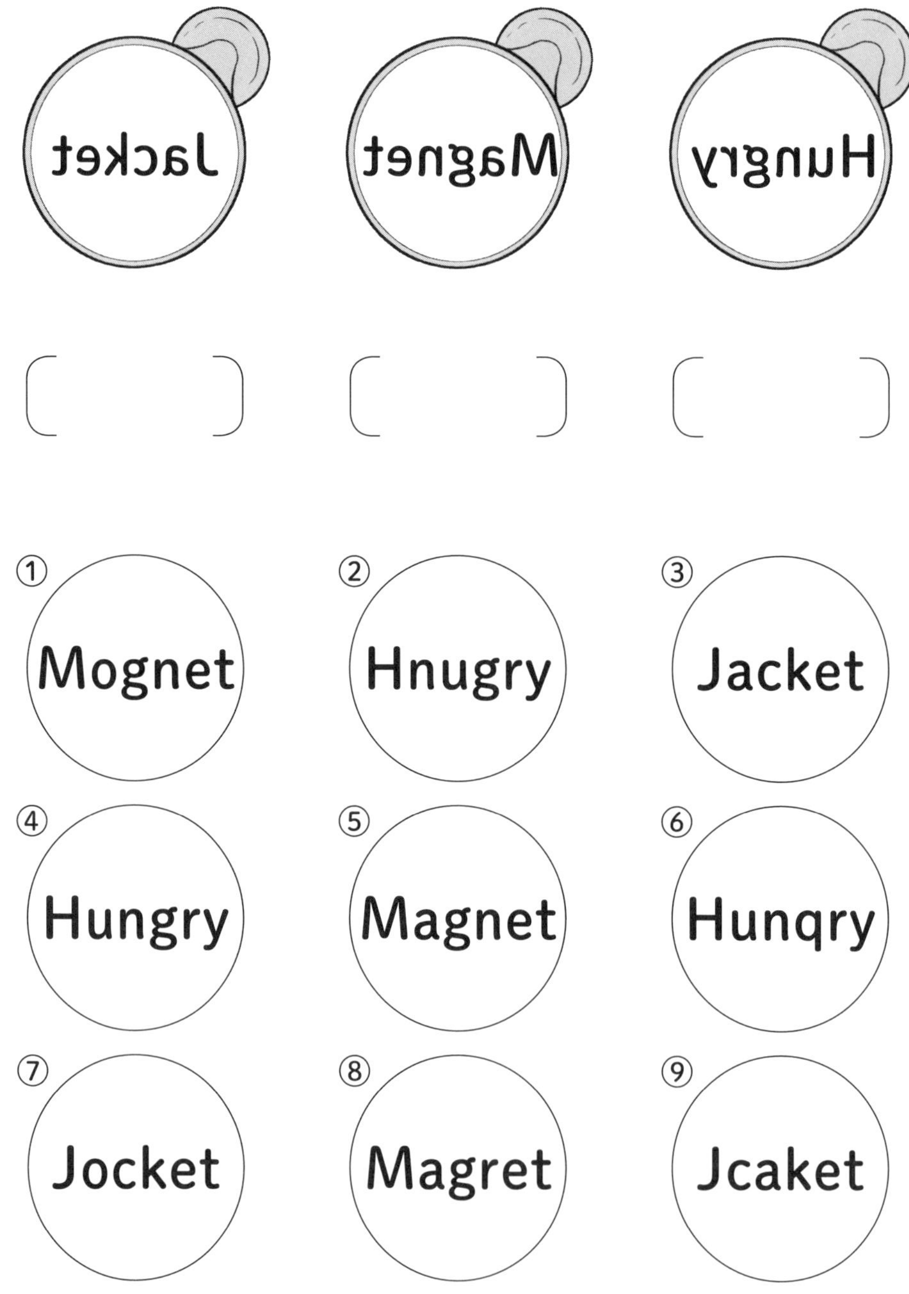

年　　組

スタンプえいたん語 ⑧

上のスタンプを紙におすと出てくるえいたん語はどれでしょうか。

下からえらんで（　　）にばんごうを書きましょう。

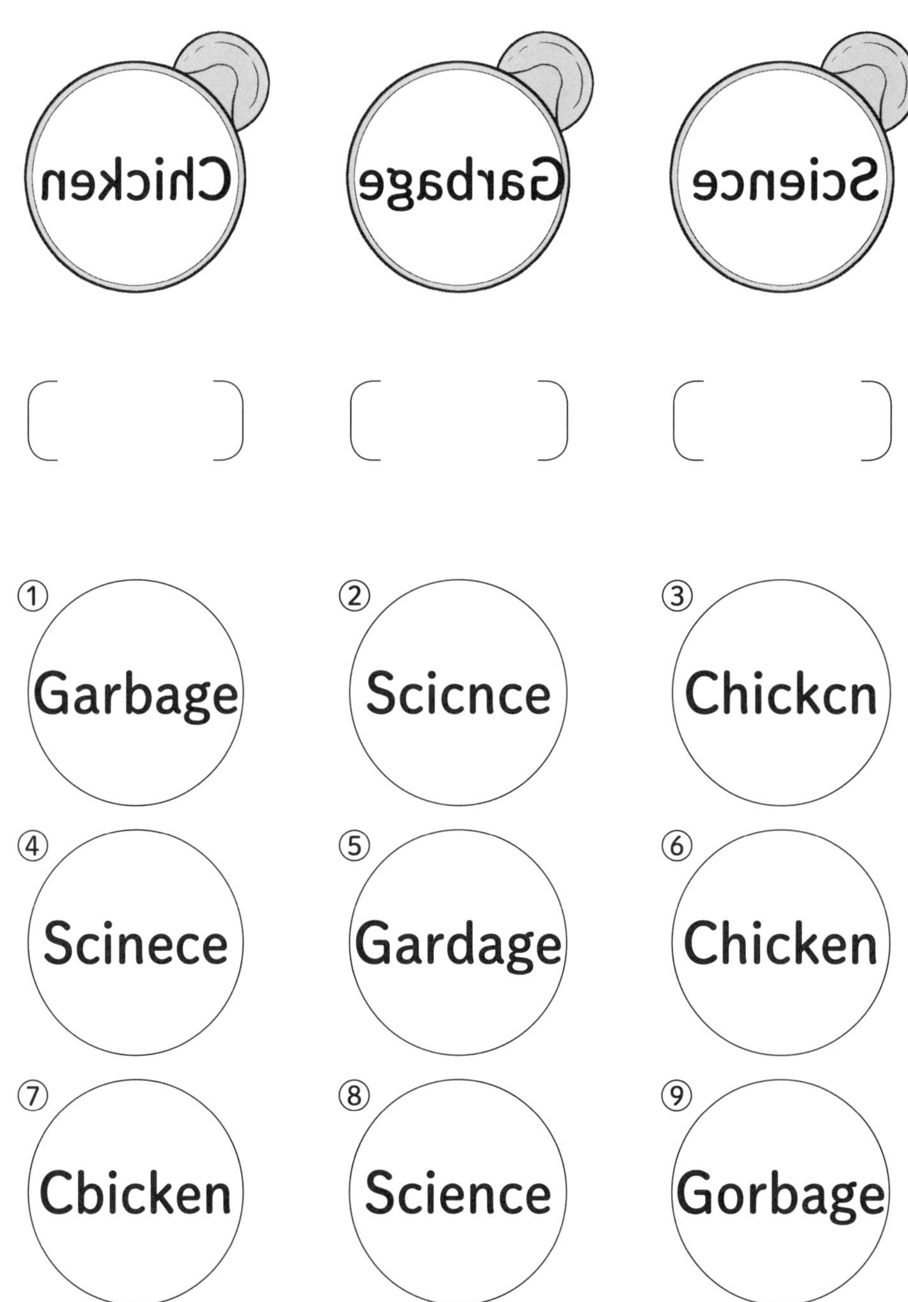

❺ 想像する

心で回転

★子どもにつけて欲しい力

対象物を違った方向から見たらどう見えるかを想像することで心的回転の力や相手の立場になって考える力を養います。

★進め方

上段の動物たちとあなたに囲まれた机の上に置かれたアルファベットは、周りの動物から見たらどう見えるかを想像して正しい組み合わせを考え線でつなぎます。

★ポイント

・子どもが問題の意図をイメージできなければ、実際に紙にアルファベットを書いて机に置き、動物と同じ位置に動いてもらって確かめさせるといいでしょう。
・選択肢のアルファベットを回転させても正しいアルファベットにならないものもありますので、そこから明らかに違うものを除外できます。

★留意点

・回転する角度（サルやトリは 90 度でネコは 180 度）が高いほど難易度は高くなりますので、正面のネコよりもサルやトリからイメージした方がわかりやすいでしょう。
・この課題が難しければ、もっとやさしい課題から取り組ませましょう。
（「コグトレ　みる・きく・想像するための認知機能強化トレーニング」こころで回転①（三輪書店）など）。

取り組み時間 5 分 ／ 回数 8 回分

例

心で回てん 1

あなたの前にアルファベットのカードがあります。
サルさん、トリさん、ネコさんからカードはどう見えるでしょうか?
線でつなぎましょう。

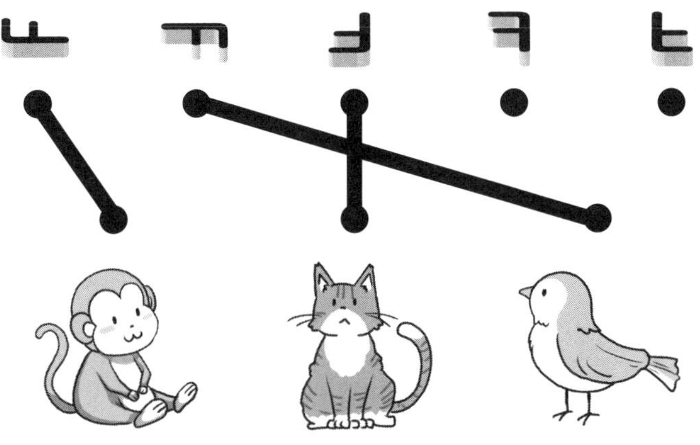

年　　　組

心で回てん 1

あなたの前にアルファベットのカードがあります。
サルさん、トリさん、ネコさんからカードはどう見えるでしょうか?
線でつなぎましょう。

心で回てん ②

あなたの前にアルファベットのカードがあります。
サルさん、トリさん、ネコさんからカードはどう見えるでしょうか?
線でつなぎましょう。

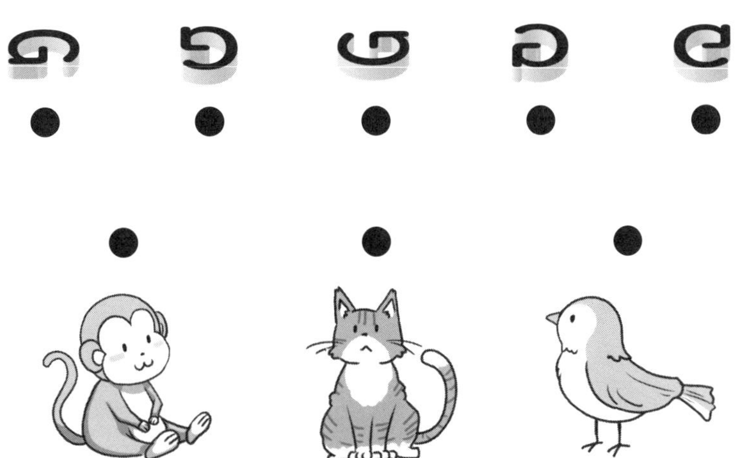

心で回てん 3

あなたの前にアルファベットのカードがあります。
サルさん、トリさん、ネコさんからカードはどう見えるでしょうか？
線でつなぎましょう。

心で回てん ④

あなたの前にアルファベットのカードがあります。
サルさん、トリさん、ネコさんからカードはどう見えるでしょうか?
線でつなぎましょう。

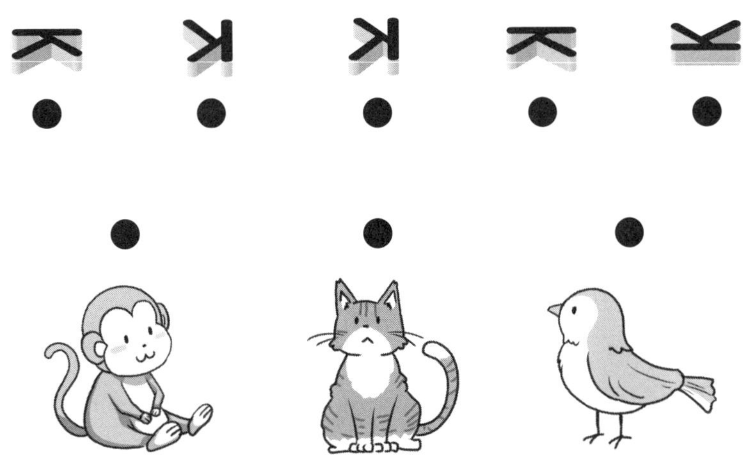

年　　　組

心で回てん 5

あなたの前にえいたん語のカードがあります。
サルさん、トリさん、ネコさんからカードはどう見えるでしょうか？
線でつなぎましょう。

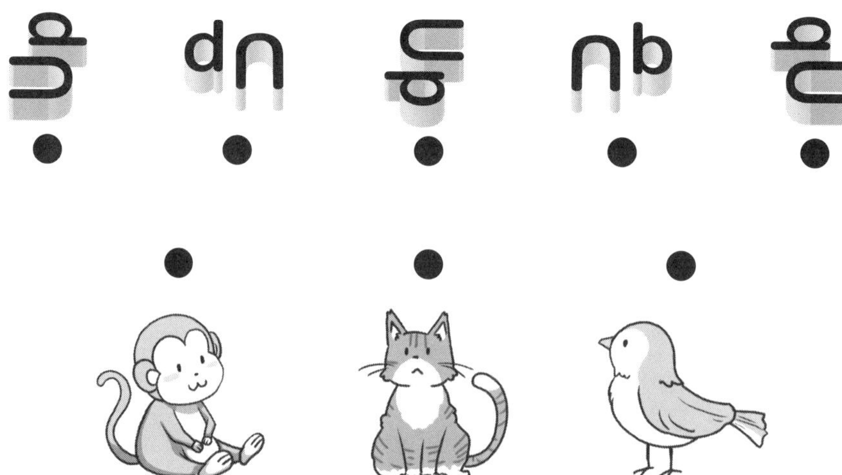

心で回てん 6

あなたの前にえいたん語のカードがあります。
サルさん、トリさん、ネコさんからカードはどう見えるでしょうか?
線でつなぎましょう。

心で回てん 7

あなたの前にえいたん語のカードがあります。
サルさん、トリさん、ネコさんからカードはどう見えるでしょうか?
線でつなぎましょう。

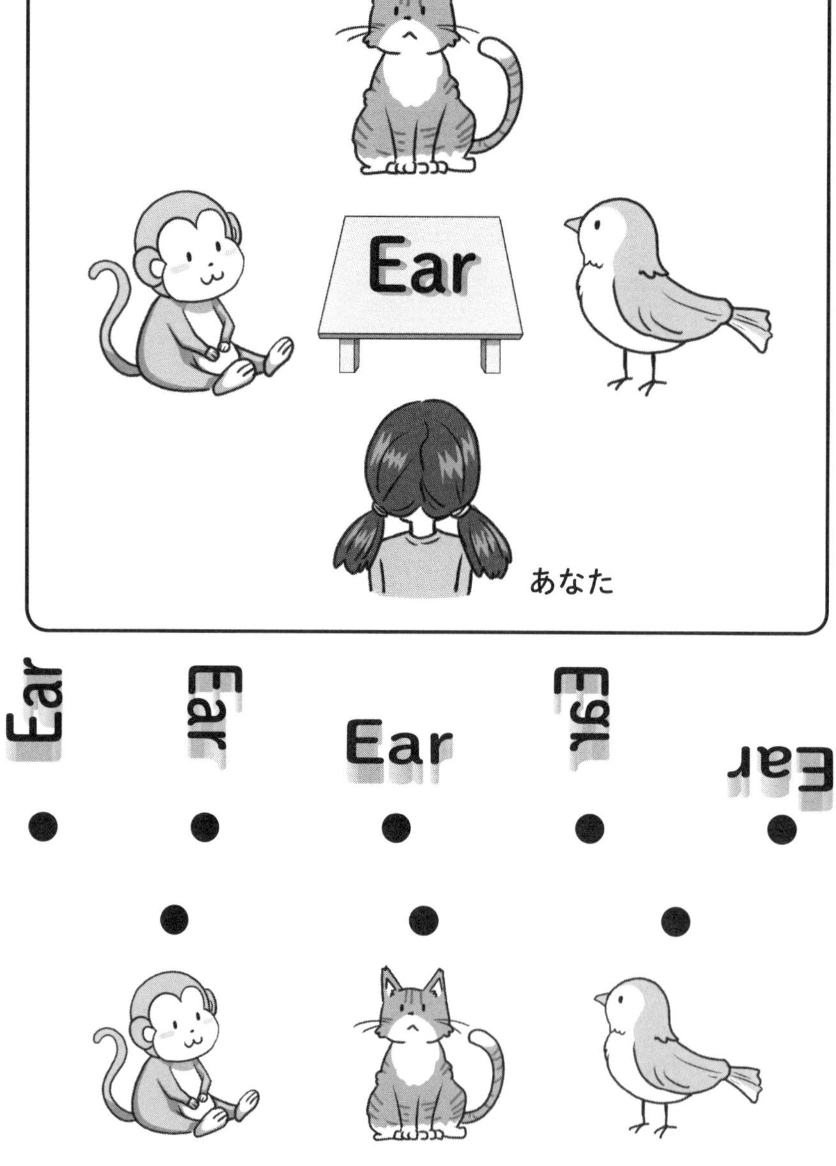

心で回てん 8

あなたの前にえいたん語のカードがあります。
サルさん、トリさん、ネコさんからカードはどう見えるでしょうか？
線でつなぎましょう。

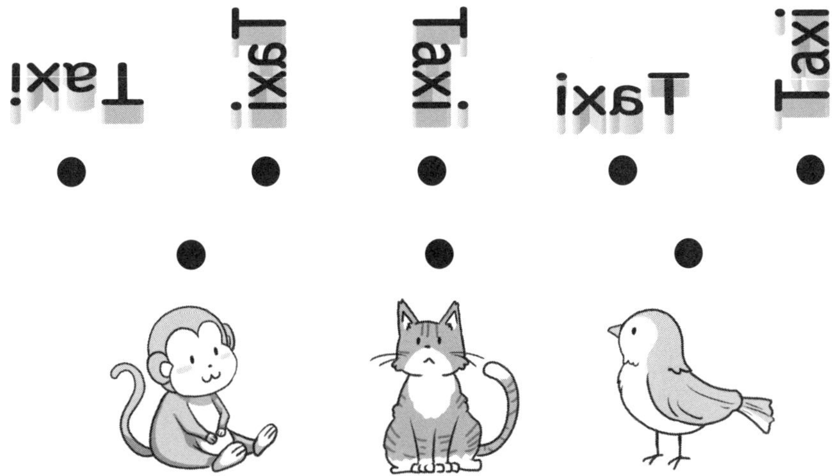

⑤想像する

順位決定戦

★子どもにつけて欲しい力

複数の関係性を比較し理解する力を養います。

★進め方

複数の表彰台の順位から言葉たちの総合順位を考え、答えを英単語に直して書いていきます。

★ポイント

・まず全体で一番のものを見つけましょう。その次は二番になるもの、その次は三番…と順に探していくと見つけやすくなります。
・いきなり順位を英単語で書くのが難しければ先に日本語を英単語に直して横に書くか、下の順位の横に日本語を書いてから正解を（　　　）に書いてもらいましょう。

★留意点

・英単語が書けることも大切ですが、ここでは順位を考えることが目的ですので、なぜそうなるのか理解できることを重視しましょう。
・英単語が分からなくても順位が分かれば（　　）には日本語を書いてもらってこの課題の理解度を判断しましょう。
・この課題が難しければ、もっとやさしい課題から取り組ませましょう。
（「コグトレ　みる・きく・想像するための認知機能強化トレーニング」順位決定戦①（三輪書店）など)。

取り組み時間 5 分 ／ 回数 4 回分

例

じゅんい決定せん ①

言葉たちは、かけっこが速いじゅんに、表しょう台にならんでいます。下の（　　）のじゅん番どおりに、言葉たちの名前をえいたん語で書きましょう。

【だい１レース】

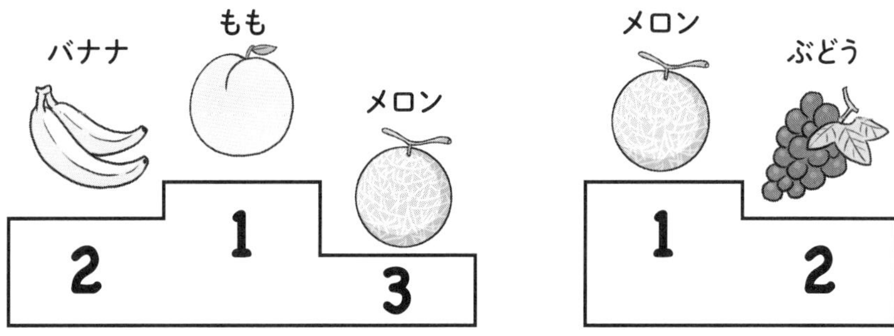

１い［ peach ］　２い［ banana ］
３い［ melon ］　４い［ grape ］

【だい２レース】

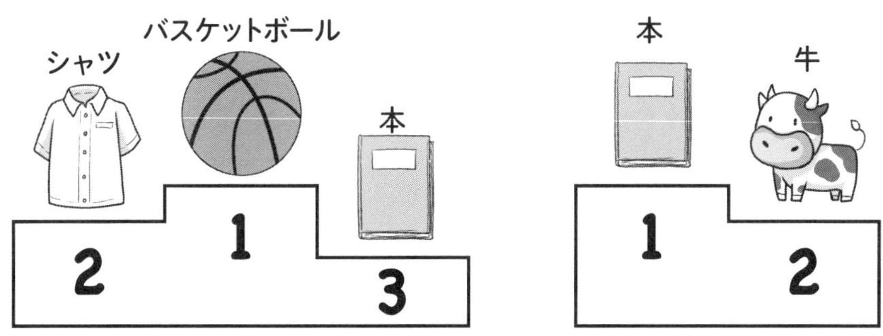

１い［ basketball ］　２い［ shirt ］
３い［ book ］　４い［ cow ］

じゅんい決定せん 1

言葉たちは、かけっこが速いじゅんに、表しょう台にならんでいます。下の（　　）のじゅん番どおりに、言葉たちの名前をえいたん語で書きましょう。

【だい１レース】

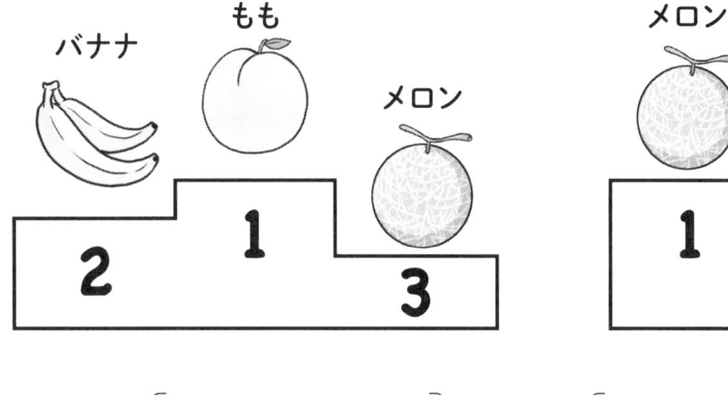

１い〔　　　　　　〕　２い〔　　　　　　〕

３い〔　　　　　　〕　４い〔　　　　　　〕

【だい２レース】

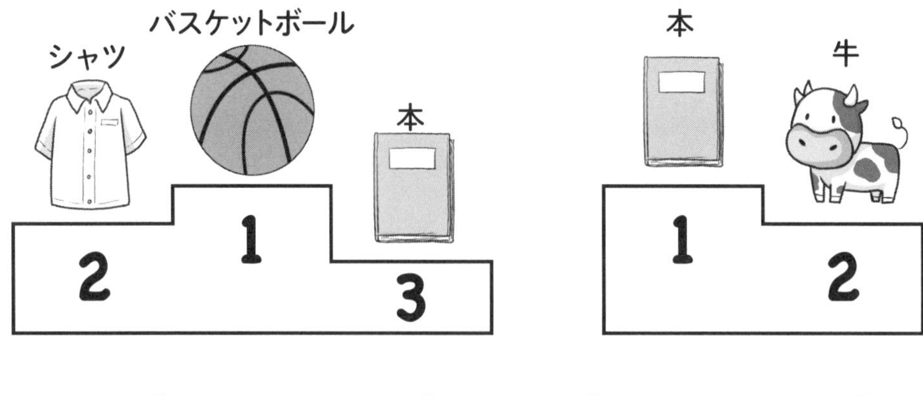

１い〔　　　　　　〕　２い〔　　　　　　〕

３い〔　　　　　　〕　４い〔　　　　　　〕

年　　　組

じゅんい決定せん ②

言葉たちは、かけっこが速いじゅんに、表しょう台にならんでいます。下の（　　）のじゅん番どおりに、言葉たちの名前をえいたん語で書きましょう。

【だい１レース】

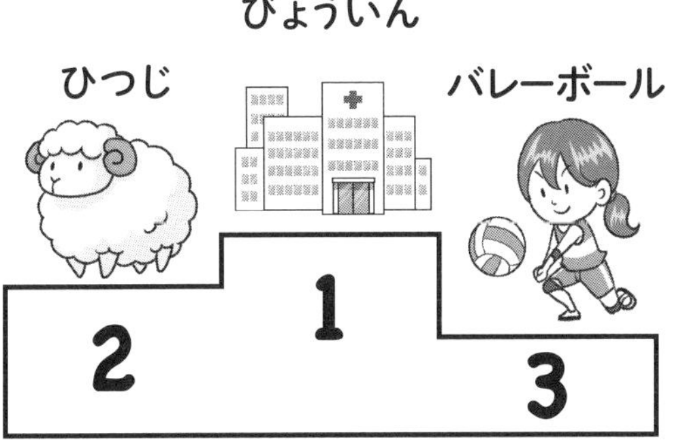

１い〔　　　　　　〕　２い〔　　　　　　〕

３い〔　　　　　　〕　４い〔　　　　　　〕

【だい２レース】

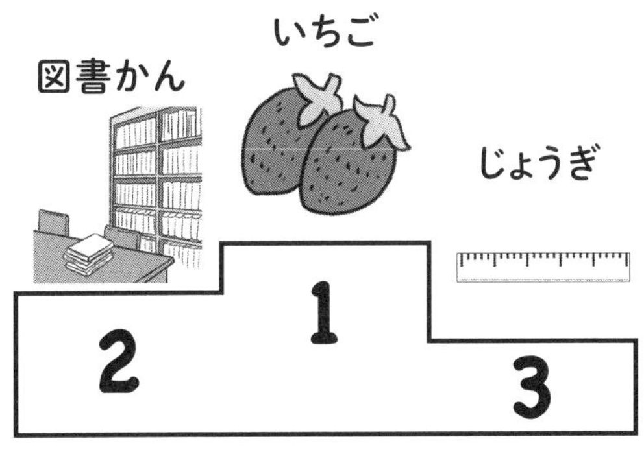

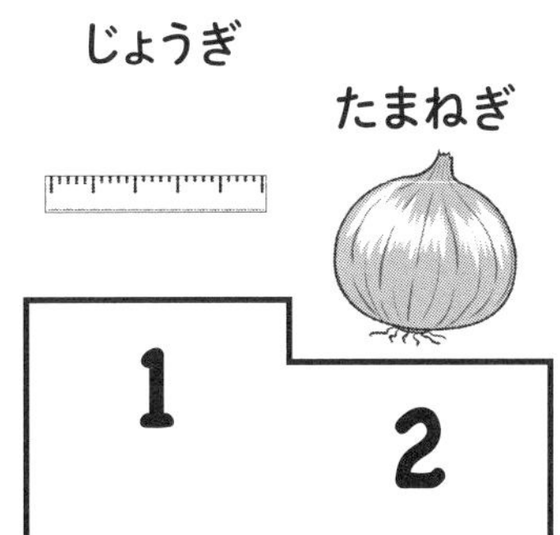

１い〔　　　　　　〕　２い〔　　　　　　〕

３い〔　　　　　　〕　４い〔　　　　　　〕

じゅんい決定せん ③

言葉たちは、かけっこが速いじゅんに、表しょう台にならんでいます。下の（　　）のじゅん番どおりに、言葉たちの名前をえいたん語で書きましょう。

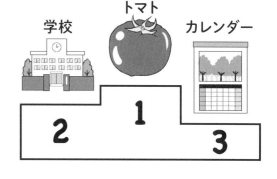

【だい１レース】

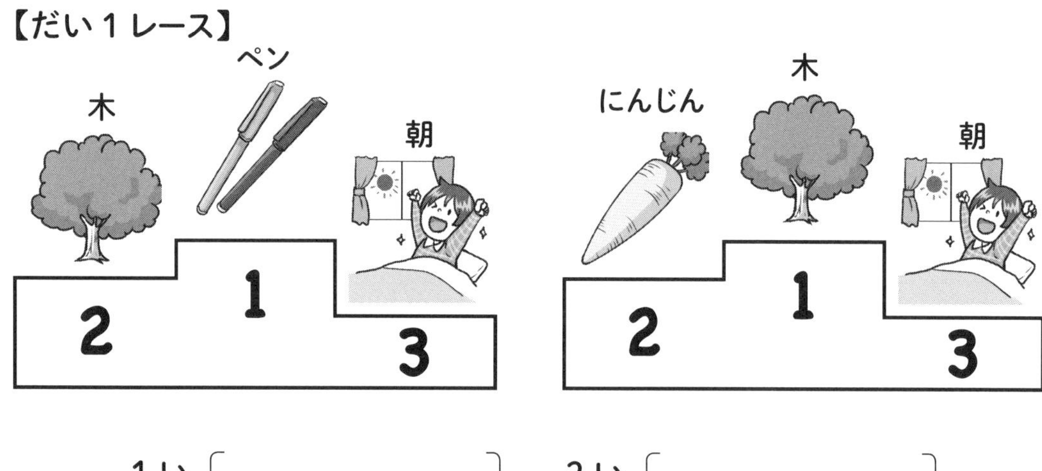

１い〔　　　　　　　　〕　２い〔　　　　　　　　〕

３い〔　　　　　　　　〕　４い〔　　　　　　　　〕

【だい２レース】

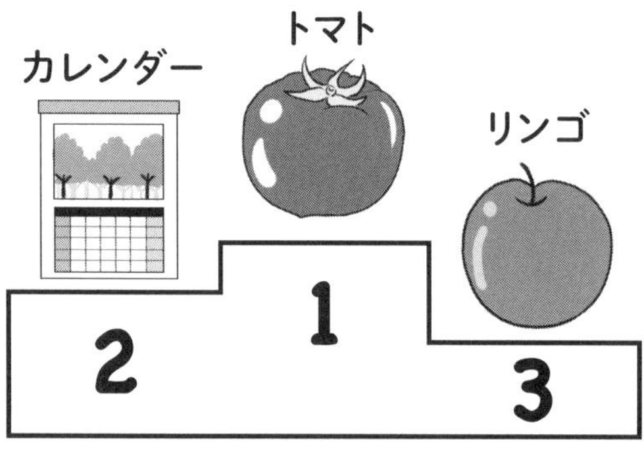

学校
トマト
カレンダー
2
1
3

１い〔　　　　　　　　〕　２い〔　　　　　　　　〕

３い〔　　　　　　　　〕　４い〔　　　　　　　　〕

年　　組

じゅんい決定せん ④

言葉たちは、かけっこが速いじゅんに、表しょう台にならんでいます。下の（　　）のじゅん番どおりに、言葉たちの名前をえいたん語で書きましょう。

【だい１レース】

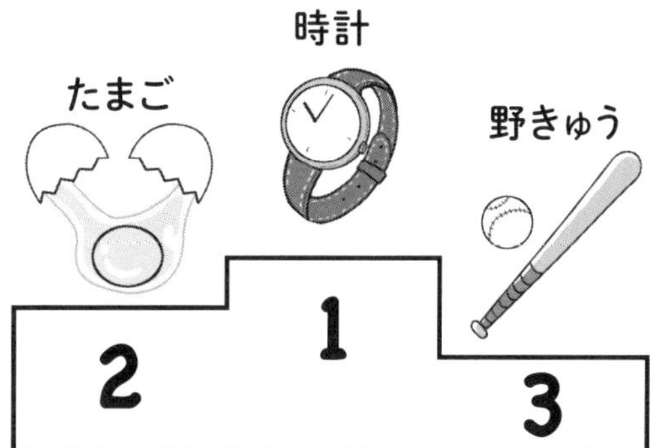

１い〔　　　　　　　〕　２い〔　　　　　　　〕

３い〔　　　　　　　〕　４い〔　　　　　　　〕

【だい２レース】

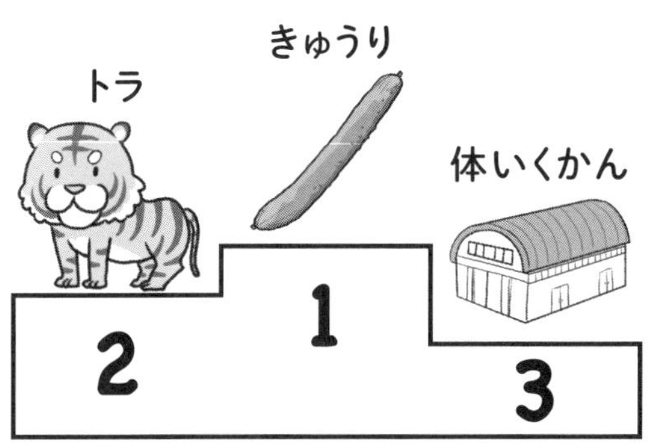

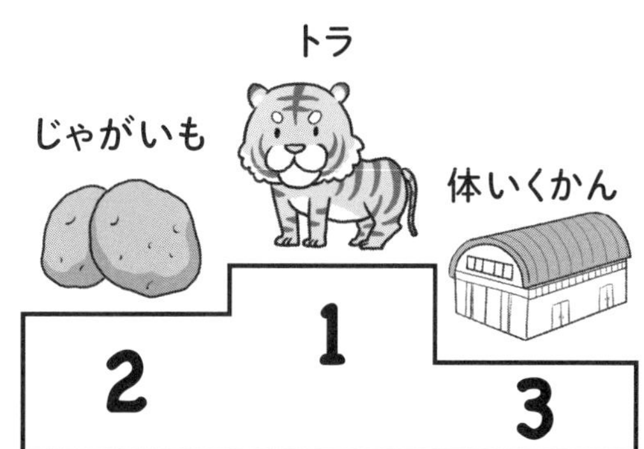

１い〔　　　　　　　〕　２い〔　　　　　　　〕

３い〔　　　　　　　〕　４い〔　　　　　　　〕

❺ 想像する

物語づくり

★子どもにつけて欲しい力

断片的な情報から全体を想像する力やストーリーを考えることで時間概念や論理的思考を養っていきます。

★進め方

イラストとともに提示された英文を参考にしながら、ストーリーを想像してイラストを正しい順番に並び替え、下の（　　　）に順番を書きます。

★ポイント

・ストーリーの最初を見つけるのではなく、二つのうちどちらが先かを考えさせ、順に並べていき、あとは順位決定戦と同様の方法で順番を並べかえていくとよいでしょう。
・必ず前後が分かるヒントがありますのでそこに注意を向けさせます。

★留意点

・この課題が難しければ、もっとやさしい課題から取り組ませましょう。
（「コグトレ　みる・きく・想像するための認知機能強化トレーニング」物語つくり（三輪書店）など）。

取り組み時間 5 分 ／ 回数 8 回分

例

物語づくり 1

下のイラストとえい語はじゅん番がバラバラになっています。
物語になるようにならびかえて、数字を書きましょう。

①

②

③

④

⑤

⑥

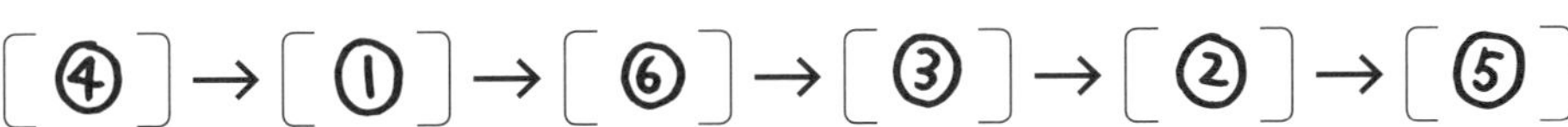

年　　　組

物語づくり ①

下のイラストとえい語はじゅん番がバラバラになっています。
物語になるようにならびかえて、数字を書きましょう。

①

②

③

④

⑤

⑥

[　　]→[　　]→[　　]→[　　]→[　　]→[　　]

年　　　組

物語づくり ②

下のイラストとえい語はじゅん番がバラバラになっています。
物語になるようにならびかえて、数字を書きましょう。

①

②

③

④

⑤

⑥

[　　]→[　　]→[　　]→[　　]→[　　]→[　　]

年　　組

物語づくり ③

下のイラストとえい語はじゅん番がバラバラになっています。
物語になるようにならびかえて、数字を書きましょう。

①

②

③

④

⑤

⑥

[　　] → [　　] → [　　] → [　　] → [　　] → [　　]

年　　　組

物語づくり ④

下のイラストとえい語はじゅん番がバラバラになっています。
物語になるようにならびかえて、数字を書きましょう。

①

②

③

④

⑤

⑥

[　　]→[　　]→[　　]→[　　]→[　　]→[　　]

年　　組

物語づくり ⑤

下のイラストとえい語はじゅん番がバラバラになっています。
物語になるようにならびかえて、数字を書きましょう。

①

②

③

④

⑤

⑥

[　　] → [　　] → [　　] → [　　] → [　　] → [　　]

年　　組

物語づくり ⑥

下のイラストとえい語はじゅん番がバラバラになっています。
物語になるようにならびかえて、数字を書きましょう。

①

②

③

④

⑤

⑥

[　　]→[　　]→[　　]→[　　]→[　　]→[　　]

物語づくり ⑦

下のイラストとえい語はじゅん番がバラバラになっています。
物語になるようにならびかえて、数字を書きましょう。

①

②

③

④

⑤

⑥

[　　]→[　　]→[　　]→[　　]→[　　]→[　　]

年　　組

物語づくり ⑧

下のイラストとえい語はじゅん番がバラバラになっています。
物語になるようにならびかえて、数字を書きましょう。

①

②

③

④

⑤

⑥

[　　]→[　　]→[　　]→[　　]→[　　]→[　　]

解答編

❷ 数える

【えいたん語数え】

① 20 こ
② 16 こ
③ 18 こ
④ 17 こ
⑤ 17 こ
⑥ 16 こ
⑦ 14 こ
⑧ 16 こ
⑨ 15 こ
⑩ 12 こ
⑪ 15 こ
⑫ 7 こ

【えいたん語算】

① 4 (green) (pen)
6 (want)
7 (tree)
12 (orange) (shirt)

② 3 (play)
8 (mouth) (scary)
14 (place)
16 (room) (night)

③ 7 (cloudy)
8 (ruler)
10 (coffee) (taxi)
13 (magnet) (Tuesday)

④ 3 (head)
5 (cow) (black)
9 (face)
10 (dog) (egg)

⑤ 6 (grape)
10 (carrot) (star)
12 (ten) (heart)
16 (knee)

⑥ 7 (table)
8 (world)
15 (rain) (nose)
17 (morning) (bag)

⑦ 3 (horse)
9 (snow) (rabbit)
11 (weather)
14 (Monday) (time)

⑧ 8 (favorite)
10 (classroom) (short)
15 (long) (pencil)
16 (hospital)

⑨ 7 (dream) (kiwi)
8 (like) (restaurant)
9 (big)
10 (jam)

⑩ 6 (cards)
9 (teeth) (sunny)
12 (Friday) (notebook)
15 (cat)

⑪ 5 (one)
10 (vegetable)
14 (hungry) (shop)
16 (elephant) (white)

⑫ 8 (homework) (circle)
9 (wash)
11 (have)
13 (Wednesday) (sleepy)

❹ 見つける

【回てんえいたん語】

① house, apple, bakery
② tree, pink, bear
③ pants, rainy, scary
④ have, away, place
⑤ day, face, green, eleven
⑥ hello、twenty, tomato, panda
⑦ carrot, toes, finish, weather
⑧ think, sunny, jacket, cards

❺ 想像する

【スタンプえいたん語】

① （③）（⑤）（②）
② （③）（⑨）（④）
③ （②）（④）（⑨）
④ （③）（⑥）（⑤）
⑤ （②）（⑥）（⑦）
⑥ （④）（③）（⑧）
⑦ （③）（⑤）（④）
⑧ （⑥）（①）（⑧）

【じゅんい決定せん】

① 【第１レース】
1位（ peach ） 2位（ banana ）
3位（ melon ） 4位（ grape ）
【第２レース】
1位（ basketball ） 2位（ shirt ）
3位（ book ） 4位（ cow ）

② 【第１レース】
1位（ time ） 2位（ hospital ）
3位（ sheep ） 4位（ volleyball ）
【第２レース】
1位（ strawberry ） 2位（ library ）
3位（ ruler ） 4位（ onion ）

③ 【第１レース】
1位（ pen ） 2位（ tree ）
3位（ carrot ） 4位（ morning ）
【第２レース】
1位（ tomato ） 2位（ school ）
3位（ calendar ） 4位（apple ）

④ 【第１レース】
1位（ watch ） 2位（ egg ）
3位（ homework ） 4位（ baseball ）
【第２レース】
1位（ cucumber ） 2位（ tiger ）
3位（ potato ） 4位（ gym ）

【物語づくり】

① 4→1→6→3→2→5
② 2→3→1→6→5→4
③ 4→2→5→6→1→3
④ 3→5→4→2→6→1
⑤ 1→4→3→5→2→6
⑥ 5→1→6→4→3→2
⑦ 6→3→2→1→4→5
⑧ 2→6→3→4→5→1

【さがし算】

さがし算 1

たて、よこ、ななめのとなり合った２つの数を足すと８になるものが
１つあります。それをさがして○でかこみましょう。

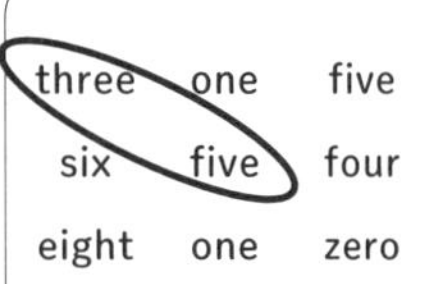

three one five
six five four
eight one zero

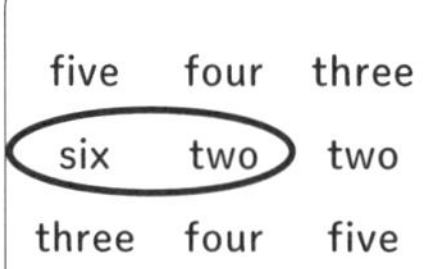

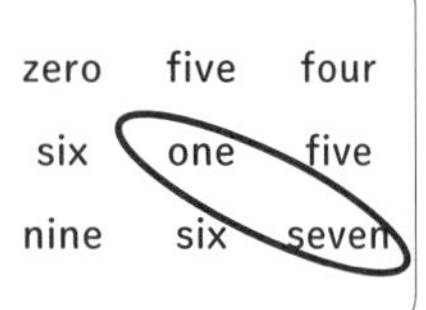

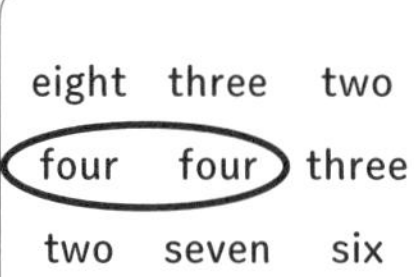

さがし算 2

たて、よこ、ななめのとなり合った２つの数を足すと９になるものが
１つあります。それをさがして○でかこみましょう。

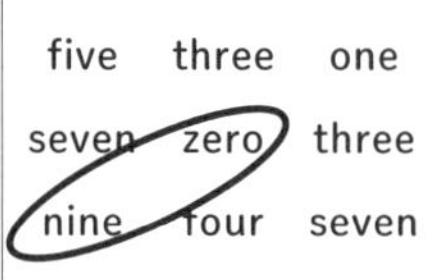

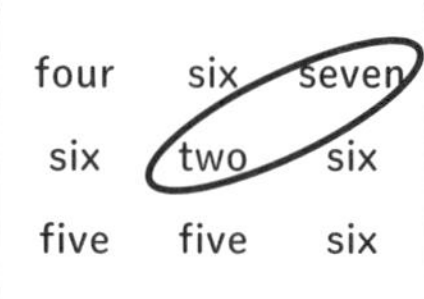

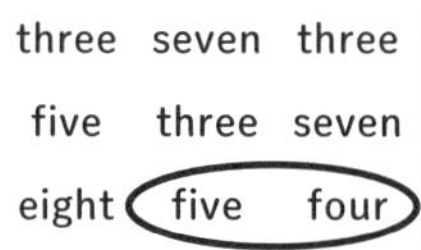

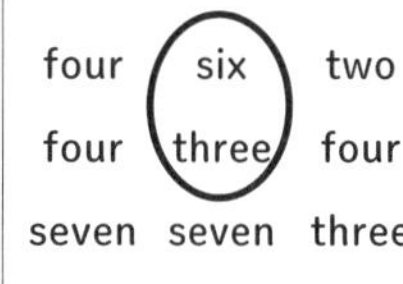

さがし算 3

たて、よこ、ななめのとなり合った２つの数を足すと10になるものが
１つあります。それをさがして○でかこみましょう。

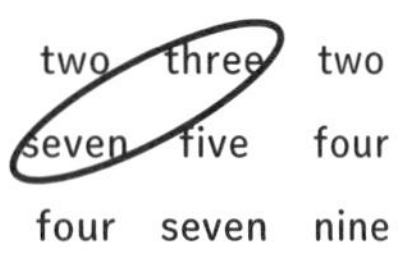

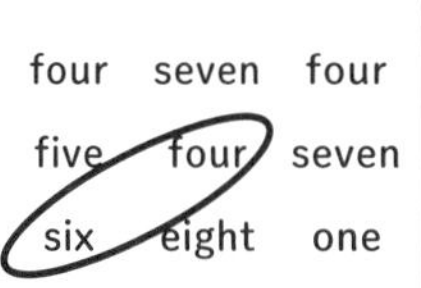

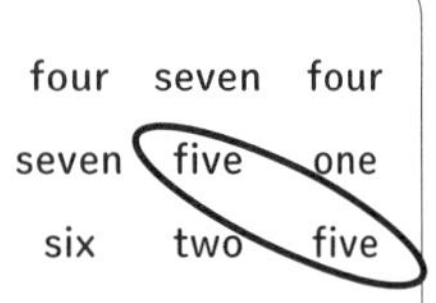

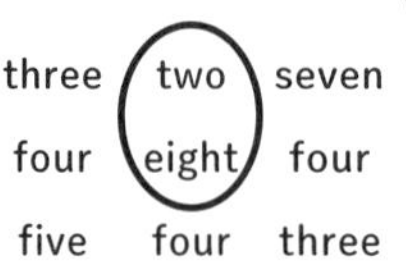

さがし算 4

たて、よこ、ななめのとなり合った２つの数を足すと11になるものが
１つあります。それをさがして○でかこみましょう。

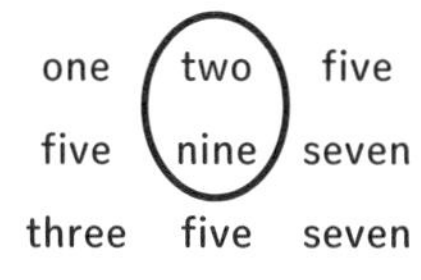

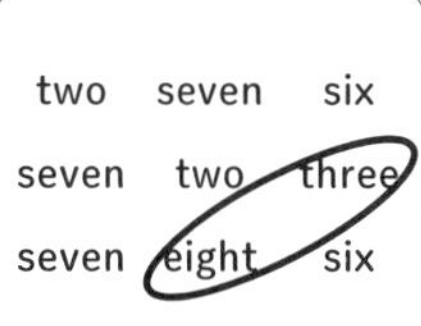

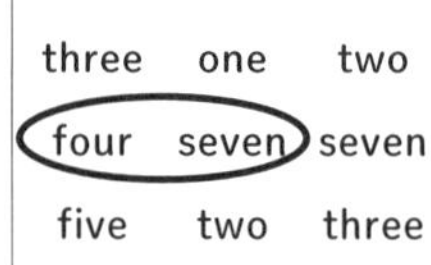

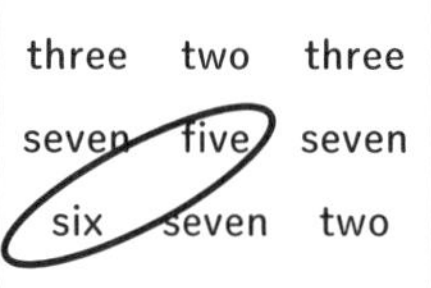

さがし算 ⑤

たて、よこ、ななめのとなり合った2つの数を足すと11になるものが
1つあります。それをさがして○でかこみましょう。

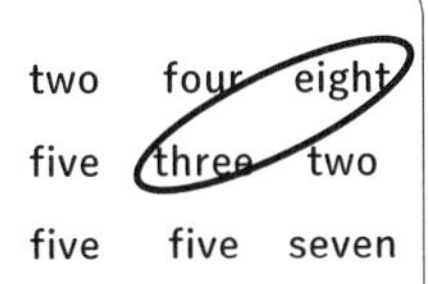

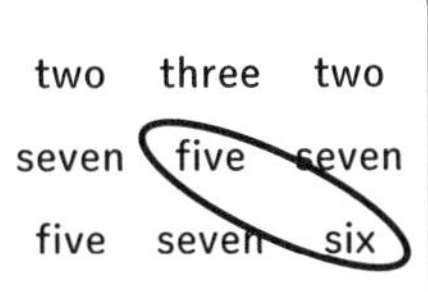

three	two	two
five	seven	seven
four	five	three

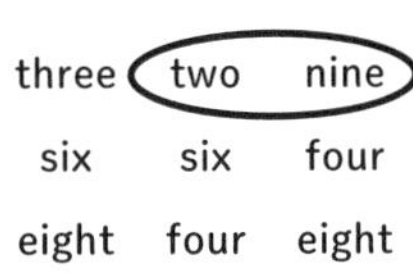

さがし算 ⑥

たて、よこ、ななめのとなり合った2つの数を足すと12になるものが
1つあります。それをさがして○でかこみましょう。

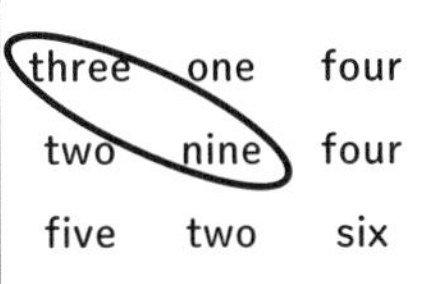

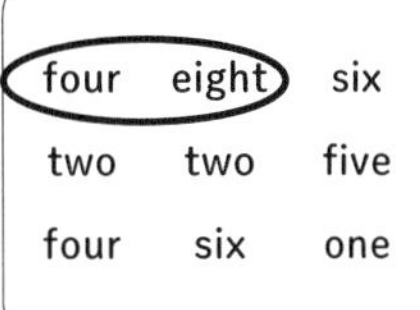

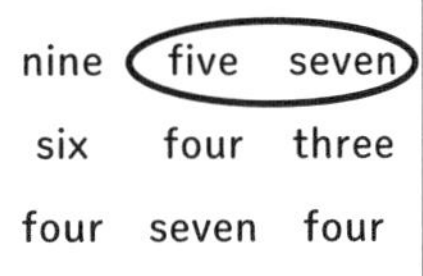

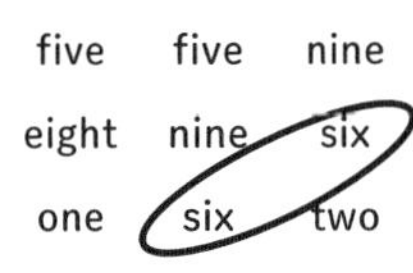

さがし算 ⑦

たて、よこ、ななめのとなり合った2つの数を足すと13になるものが
1つあります。それをさがして○でかこみましょう。

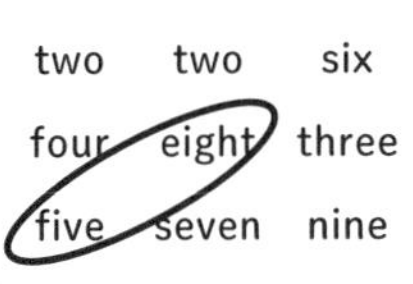

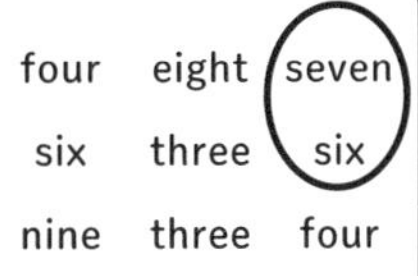

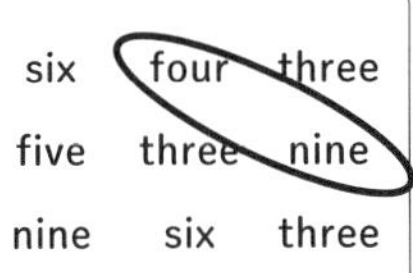

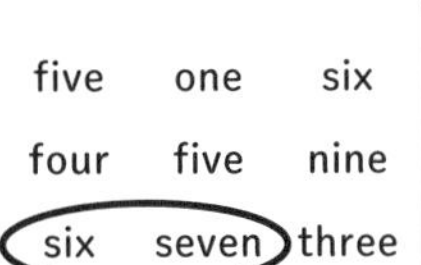

さがし算 ⑧

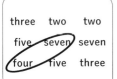

たて、よこ、ななめのとなり合った2つの数を足すと14になるものが
1つあります。それをさがして○でかこみましょう。

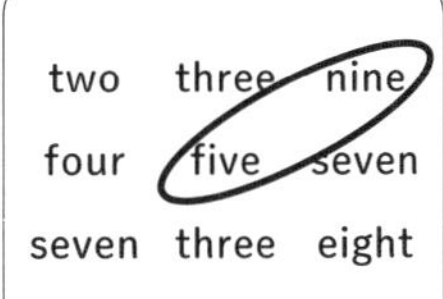

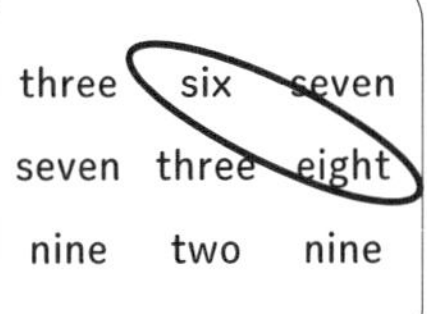

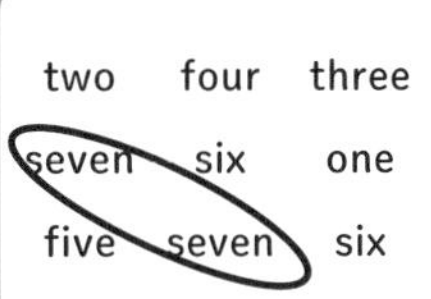

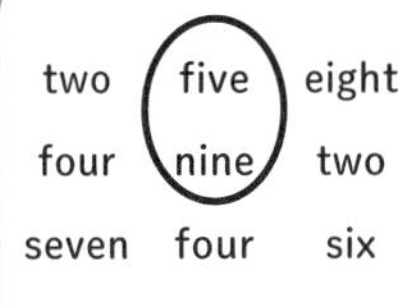

【アルファベットさがし】

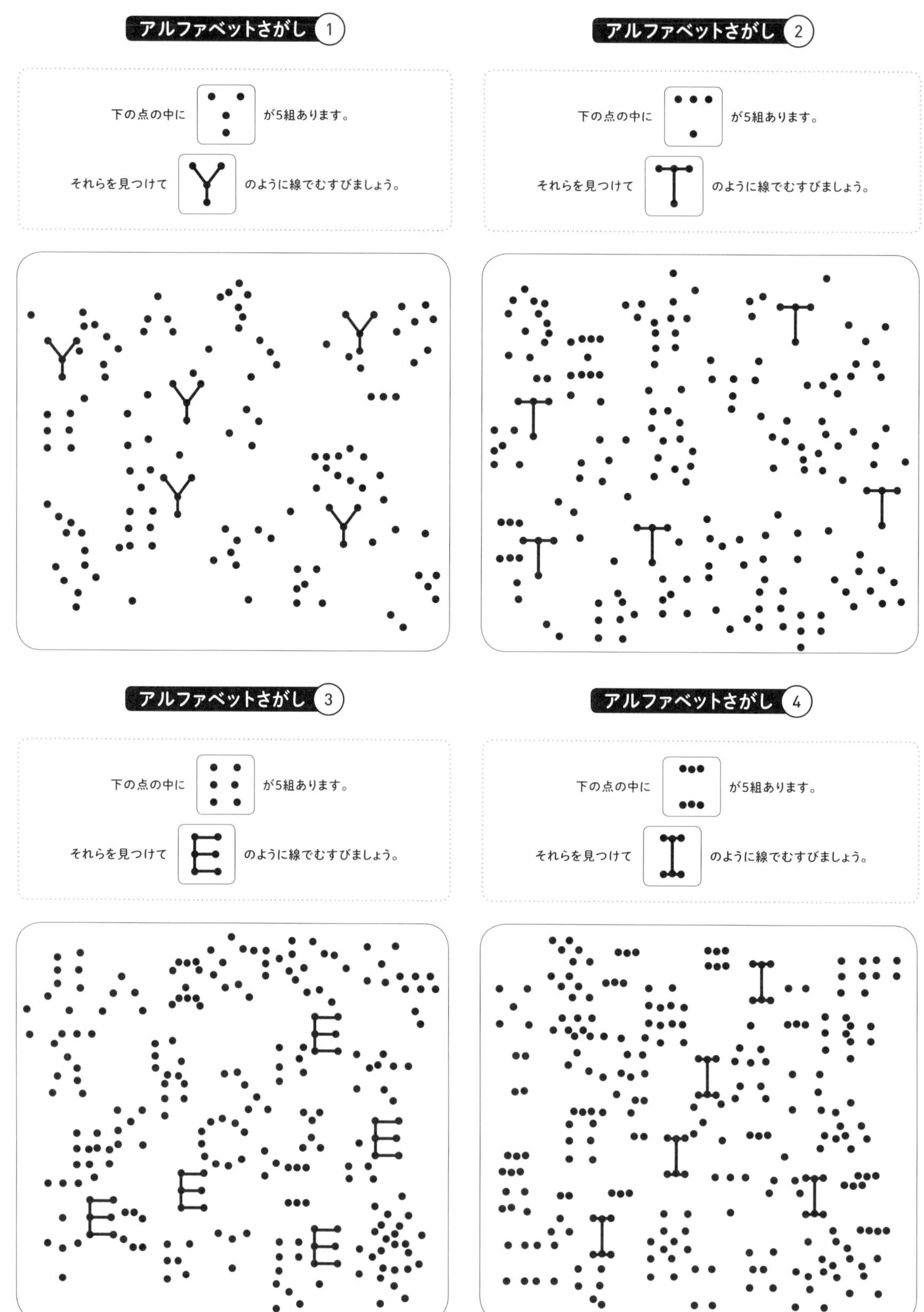
アルファベットさがし 1
下の点の中に
が5組あります。
それらを見つけて
のように線でむすびましょう。
アルファベットさがし 2
下の点の中に
が5組あります。
それらを見つけて
のように線でむすびましょう。
アルファベットさがし 3
下の点の中に
が5組あります。
それらを見つけて
のように線でむすびましょう。
アルファベットさがし 4
下の点の中に
が5組あります。
それらを見つけて
のように線でむすびましょう。

アルファベットさがし 5

下の点の中に が10組あります。

それらを見つけて のように線でむすびましょう。

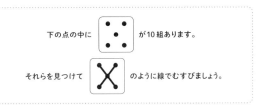

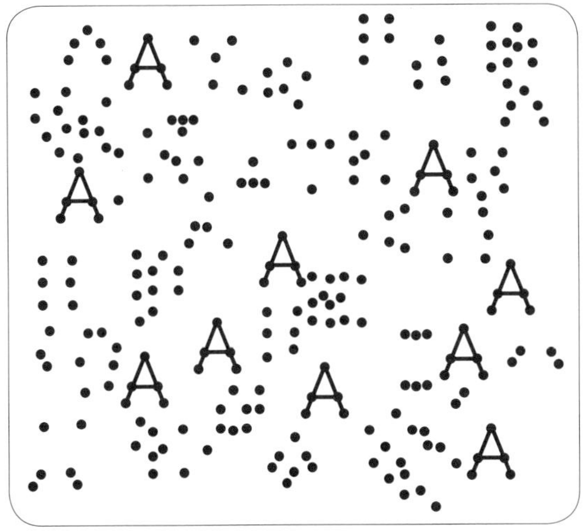

アルファベットさがし 6

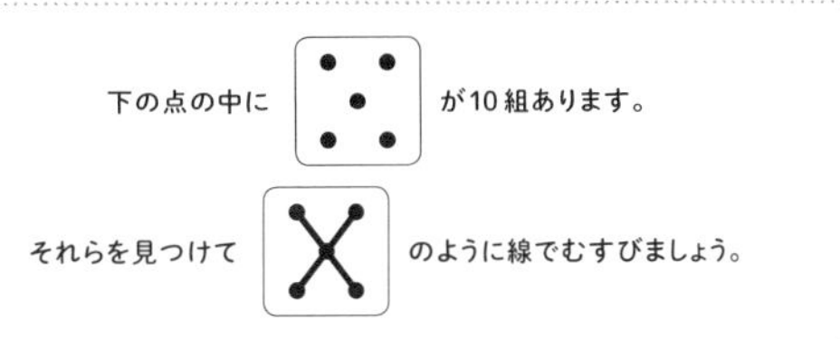

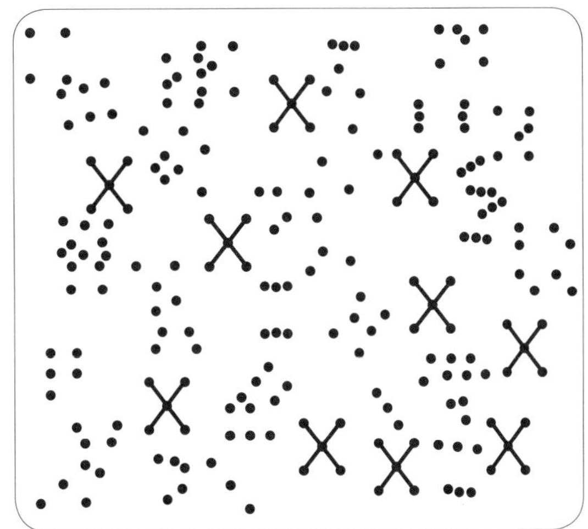

アルファベットさがし 7

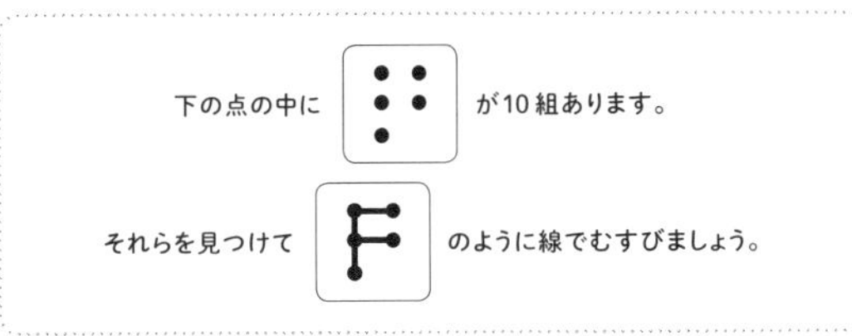

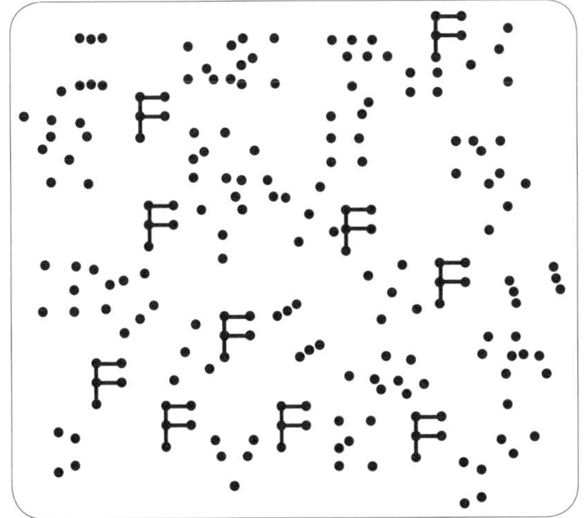

アルファベットさがし 8

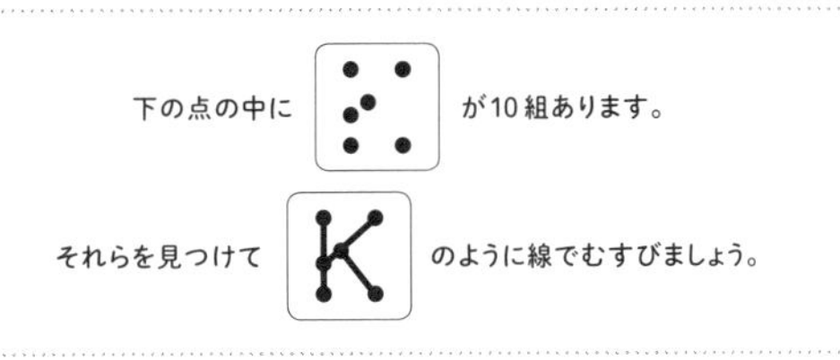

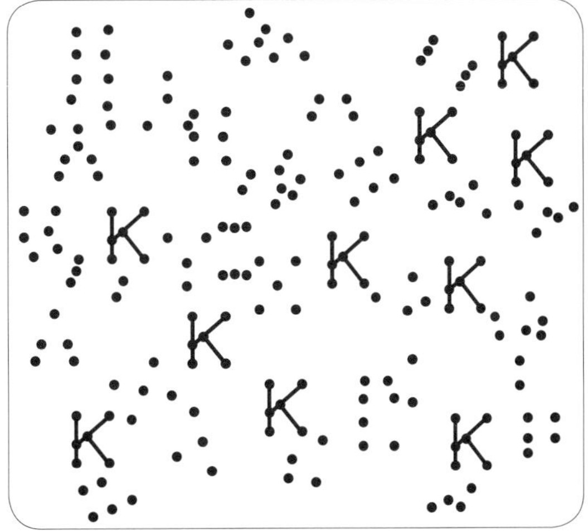

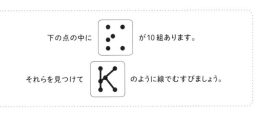

【ちがいはどこ？】

ちがいはどこ? ①

上と下の絵で、ちがうところが3つあります。
ちがう場しょを見つけたら、下の絵を○でかこみましょう。
ただしちがいはえいたん語だけではありません。

ちがいはどこ? ②

上と下の絵で、ちがうところが3つあります。
ちがう場しょを見つけたら、下の絵を○でかこみましょう。
ただしちがいはえいたん語だけではありません。

ちがいはどこ? ③

上と下の絵で、ちがうところが3つあります。
ちがう場しょを見つけたら、下の絵を○でかこみましょう。
ただしちがいはえいたん語だけではありません。

ちがいはどこ? ④

上と下の絵で、ちがうところが3つあります。
ちがう場しょを見つけたら、下の絵を○でかこみましょう。
ただしちがいはえいたん語だけではありません。

ちがいはどこ？⑤

上と下の絵で、ちがうところが3つあります。
ちがう場しょを見つけたら、下の絵を○でかこみましょう。
ただしちがいはえいたん語だけではありません。

ちがいはどこ？⑥

上と下の絵で、ちがうところが3つあります。
ちがう場しょを見つけたら、下の絵を○でかこみましょう。
ただしちがいはえいたん語だけではありません。

ちがいはどこ？⑦

上と下の絵で、ちがうところが3つあります。
ちがう場しょを見つけたら、下の絵を○でかこみましょう。
ただしちがいはえいたん語だけではありません。

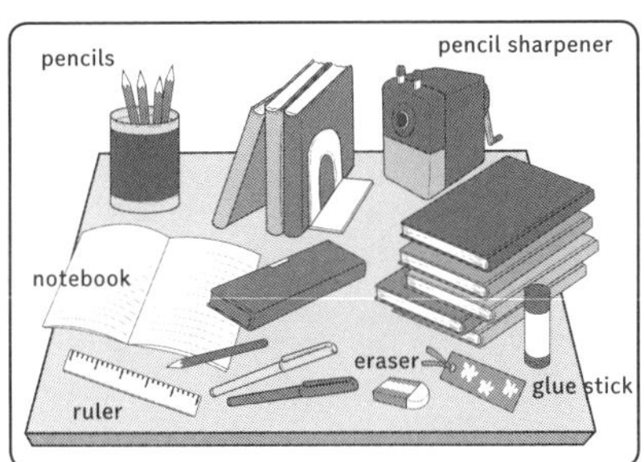

ちがいはどこ？⑧

上と下の絵で、ちがうところが3つあります。
ちがう場しょを見つけたら、下の絵を○でかこみましょう。
ただしちがいはえいたん語だけではありません。

【同じ絵はどれ？】 他との相違点を○囲みしています。

同じ絵はどれ？ ①

下の8まいの絵の中から、同じ絵を2まいえらびましょう。
ちがいはえい語だけではありません。

〔 ②と⑤ 〕

同じ絵はどれ？ ②

下の8まいの絵の中から、同じ絵を2まいえらびましょう。
ちがいはえい語だけではありません。

① My favorite five

② My favorite fruit

③ My favorite fruits

④ My favorite fruits

⑤ My favorite fruits

⑥ My favorite fruit

⑦ My favorite fruits

⑧ My favorite fruits

〔 ③と⑧ 〕

同じ絵はどれ？ ③

下の8まいの絵の中から、同じ絵を2まいえらびましょう。
ちがいはえい語だけではありません。

① Today 12/2(Thu) Tomorrow 12/3(Fri)

② Today 12/2(Thu) Tomorrow 12/3(Wed)

③ Today 12/12(Thu) Tomorrow 12/13(Fri)

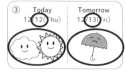

④ Today 12/2(Thu) Tomorrow 12/3(Fri)

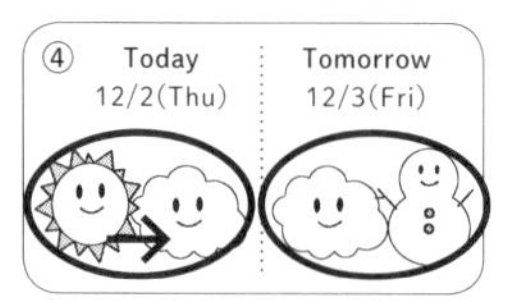

⑤ Today 12/2(Mon) Tomorrow 12/3(Fri)

⑥ Today 12/2(Tue) Tomorrow 12/3(Wed)

⑦ Today 12/2(Thu) Tomorrow 12/3(Fri)

⑧ Today 12/12(Thu) Tomorrow 12/13(Fri)

〔 ①と⑦ 〕

同じ絵はどれ？ ④

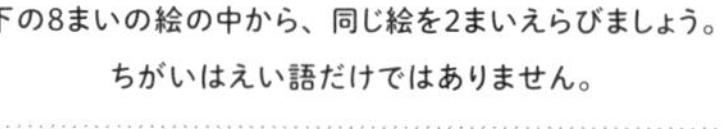

下の8まいの絵の中から、同じ絵を2まいえらびましょう。
ちがいはえい語だけではありません。

① How are you?

② How are you?

③ How are they?

④ How are you?

⑤ How are you?

⑥ How are you?

⑦ How are you?

⑧ How are they?

〔 ②と④ 〕

同じ絵はどれ？ ⑤

下の8まいの絵の中から、同じ絵を2まいえらびましょう。
ちがいはえい語だけではありません。

〔 ③と⑥ 〕

同じ絵はどれ？ ⑥

下の8まいの絵の中から、同じ絵を2まいえらびましょう。
ちがいはえい語だけではありません。

〔 ⑥と⑧ 〕

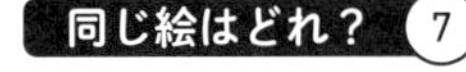

同じ絵はどれ？ ⑦

下の8まいの絵の中から、同じ絵を2まいえらびましょう。
ちがいはえい語だけではありません。

③ Miku Kaede Yusuke

④ Miku Kaede Yamato

⑤ Miku Kaede Yamato

〔 ④と⑦ 〕

同じ絵はどれ？ ⑧

下の8まいの絵の中から、同じ絵を2まいえらびましょう。
ちがいはえい語だけではありません。

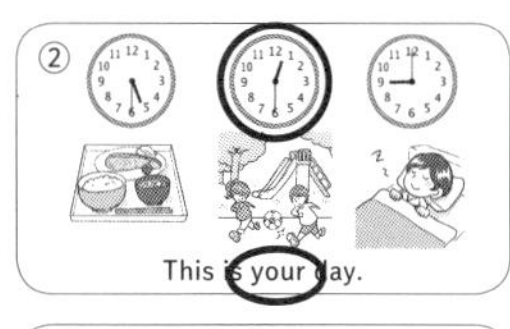

〔 ④と⑧ 〕

【心でかいてん】

心で回てん 1

あなたの前にアルファベットのカードがあります。
サルさん、トリさん、ネコさんからカードはどう見えるでしょうか？
線でつなぎましょう。

心で回てん 2

あなたの前にアルファベットのカードがあります。
サルさん、トリさん、ネコさんからカードはどう見えるでしょうか？
線でつなぎましょう。

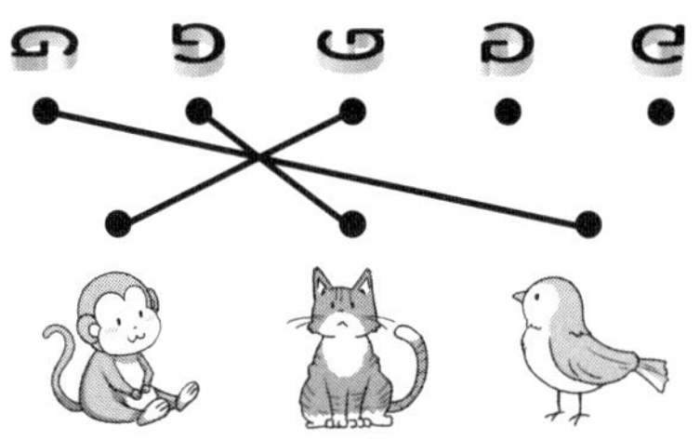

心で回てん 3

あなたの前にアルファベットのカードがあります。
サルさん、トリさん、ネコさんからカードはどう見えるでしょうか？
線でつなぎましょう。

心で回てん 4

あなたの前にアルファベットのカードがあります。
サルさん、トリさん、ネコさんからカードはどう見えるでしょうか？
線でつなぎましょう。

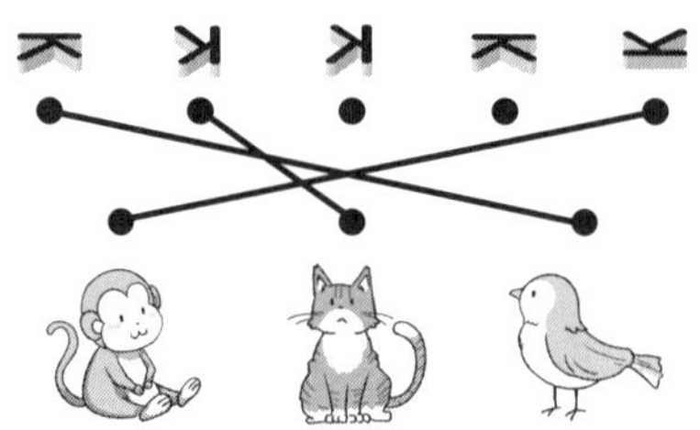

心で回てん 5

あなたの前にえいたん語のカードがあります。
サルさん、トリさん、ネコさんからカードはどう見えるでしょうか？
線でつなぎましょう。

心で回てん 6

あなたの前にえいたん語のカードがあります。
サルさん、トリさん、ネコさんからカードはどう見えるでしょうか？
線でつなぎましょう。

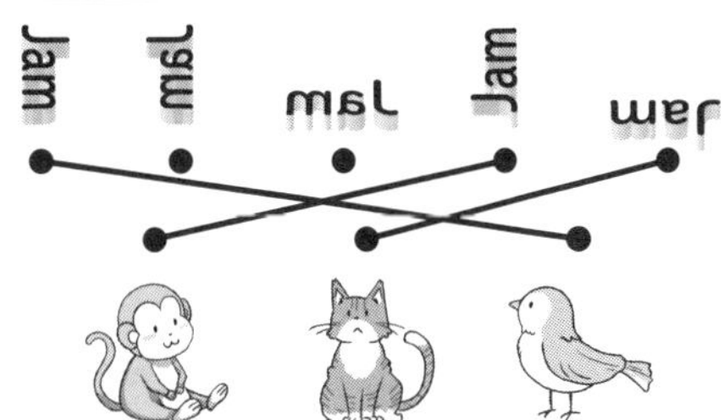

心で回てん 7

あなたの前にえいたん語のカードがあります。
サルさん、トリさん、ネコさんからカードはどう見えるでしょうか？
線でつなぎましょう。

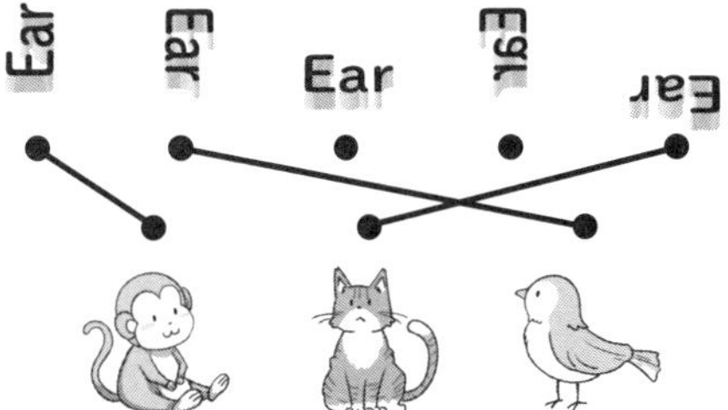

心で回てん 8

あなたの前にえいたん語のカードがあります。
サルさん、トリさん、ネコさんからカードはどう見えるでしょうか？
線でつなぎましょう。

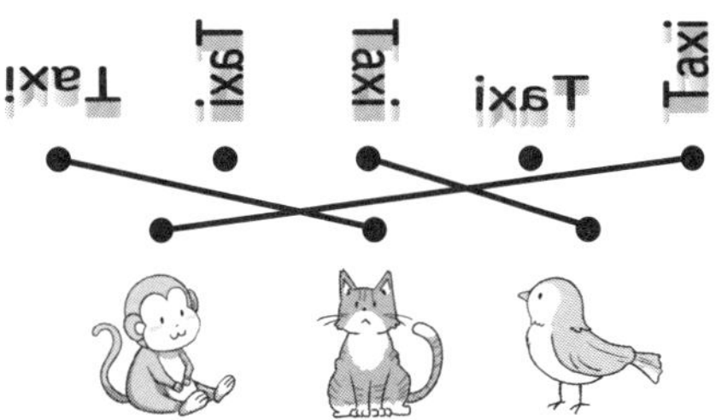

【著者略歴】

宮口 幸治（みやぐち・こうじ）

立命館大学産業社会学部・大学院人間科学研究科教授。京都大学工学部卒業、建設コンサルタント会社勤務の後、神戸大学医学部医学科卒業。神戸大学医学部附属病院精神神経科、大阪府立精神医療センターなどを勤務の後、法務省宮川医療少年院、交野女子学院医務課長を経て、2016 年より現職。医学博士、子どものこころ専門医、日本精神神経学会専門医、臨床心理士、公認心理師。児童精神科医として、困っている子どもたちの支援を教育・医療・心理・福祉の観点で行う「日本 COG-TR 学会」を主宰し、全国で教員向けに研修を行っている。
著書に『教室の「困っている子ども」を支える 7 つの手がかり』『性の問題行動をもつ子どものためのワークブック』『教室の困っている発達障害をもつ子どもの理解と認知的アプローチ』（以上、明石書店）、『不器用な子どもたちへの認知作業トレーニング』『コグトレ みる・きく・想像するための認知機能強化トレーニング』『やさしいコグトレ 認知機能強化トレーニング』『社会面のコグトレ 認知ソーシャルトレーニング』（以上、三輪書店）、『1 日 5 分！教室で使えるコグトレ 困っている子どもを支援する認知トレーニング 122』『もっとコグトレ さがし算 60 初級・中級・上級』『1 日 5 分 教室で使える漢字コグトレ小学 1 ～ 6 年生』『学校でできる！性の問題行動へのケア』（以上、東洋館出版社）、『ケーキの切れない非行少年たち』（新潮社）など。

正頭 英和（しょうとう・ひでかず）

立命館小学校 英語科教諭 /ICT 教育部長。関西外語大学外国語学部卒業。関西大学大学院修了 (外国語教育学修士)。京都市公立中学校、立命館中学校・高等学校を経て現職。「英語」の授業に加えて「ICT 科」の授業も指導する。2019 年、「教育界のノーベル賞」と呼ばれる「Global Teacher Prize 2019(グローバル・ティーチャー賞)」トップ 10 に、世界約 150 ヵ国・約 3 万人の中から、日本人小学校教員初で選出される。AI 時代・グローバル時代の教育をテーマにした講演も多数。著書に『世界トップティーチャーが教える 子どもの未来が変わる英語の教科書』（講談社）など。

【執筆協力】

近藤　礼菜　立命館大学大学院人間科学研究科
木村　駿　立命館大学大学院人間科学研究科
稲葉　くるみ　立命館大学大学院人間科学研究科

編集　ナイスク http://naisg.com　松尾里央　高作真紀　中西傑
本文フォーマット / デザイン・DTP　小林沙織（サバデザイン）
イラスト　真崎なこ

1 日 5 分！
教室でできる英語コグトレ　小学校 3・4 年生

2020（令和 2）年 4 月 20 日　初版第 1 刷発行
2021（令和 3）年 8 月 27 日　初版第 2 刷発行

著者　宮口幸治　正頭英和
発行者　錦織圭之介
発行所　株式会社 東洋館出版社
〒 113-0021　東京都文京区本駒込 5 丁目 16 番 7 号
営業部　電話 03-3823-9206 ／ FAX 03-3823-9208
編集部　電話 03-3823-9207 ／ FAX 03-3823-9209
振替　00180-7-96823
URL　http://www.toyokan.co.jp
印刷・製本　藤原印刷株式会社
ISBN 978-4-491-04096-7
Printed in Japan